ちくま新書

家族幻想

――「ひきこもり」から問う

杉山春
Sugiyama Haru

1163

家族幻想——「ひきこもり」から問う

【目次】

第一章

ひきこもり七〇万人の時代

——閉じてゆく核家族

†当事者の叫び

「帰ってください。二度とこの会に来ないでください。そうしないと僕はあなたを叩いてしまう」

田村洋さん（仮名　一九六七年生まれ）は私の目の前に立ちはだかると、怒気を含んだ声で、左の頬を痙攣させて言った。

短く刈り込んだ髪。引き締まった体に、黒いレザーのぴっちりとしたパンツ。ピンクの花柄のシャツと白いシャツを重ね着している。

二二歳からひきこもり始め、この時四二歳。七年前のことだ。

「僕たちがここに集まっているのは、いずれ、就職をして自立するためなんです。仁さん（仮名）のようにギターが弾けても、ひきこもりが治ったなんて言いません。もう、ここに来るな。僕は誰も信じていない。もう、ここへは来るな！」

最後は子どもの絶叫のようだった。

この日、私は七年ぶりに洋さんに再会した。洋さんから、取材に来てほしいという連絡があったのだ。以前はサイズの大きなコートを着て、髪はボサボサだった。大きく変わった雰囲気に驚くと、腕立て伏せを続け、身体の手入れをしているのだという。

「社会に出て行くためには身だしなみに気を使わないと」

この日のコーディネートもネットで知り合ったエステティシャンの女性に、チェックしてもらったとのことだった。

そこは地域の公共施設の一室で、数名のひきこもりの当事者が、ボランティアとともに月に一度集まり、会報の発送作業をしている「居場所」だった。居場所では、さまざまな困難を抱え、ひきこもるなどしている人たちが、定期的に、あるいは思い思いに通い、おしゃべりをしたりして、時間を過ごす。同じ立場を共有しているので、緊張せずに出会える。家に閉じこもりきりにならないで、社会に出て行くための足がかりになる。そのような意味合いで日本各地で、親の会、公的機関などが作ってきた。当事者が開いた場所もわずかながらある。

この日の居場所は親の会の例会に合わせて、公共施設で開かれていた。洋さんは、ここ数年、この居場所をしきり、会報を作っていた。

その様子を見せたかったのだと私は感じていた。

この日、同じ建物の別の会議室で開かれていた親の会の集まりでは、回復した当事者として、三十代後半、洋さんより数歳若い飯田仁（仮名）さんが、自身の体験談を話していた。ギターの練習を続け、様々な場所で腕前を披露しているということだった。話の後、親たちを前に数曲弾いたが、表情ゆたかで、繊細な音色だった。担当のカウンセラーは、親たちに、「仁さんは仕事に就いているわけではありませんが、積極的に出かけて、いろいろなところで自己表現できる。それが大事なんです」と説明した。

会場には家を一歩も出られない娘や息子を抱えている親もいた。羨ましそうな顔をして座っている。

仁さんは、カウンセラーに声を掛けられ、急遽当事者の会でも演奏をすることになった。私も一緒に移動して、仁さんのギターを聞くことにした。

すでに当事者の会のプログラム全体が終了間際だった。すぐに仁さんのギターが始まると、洋さんは時間通りに部屋を閉めなければいけないからと、音を立てて片付け始めた。紙くずをガサガサと袋に移している。もう少し静かに片付けることも可能だろう。私はそう思った。

「片付けるの、ちょっとだけ静かにやってもらえないかしら」

私はそっと近づくと、小声で洋さんに声をかけた。この時私は洋さんに、親しい気持ちをもっていた。以前からの知り合いで、折に触れてさまざまな思いを電話で聞いてきた。今日はこの場に呼んでくれた。静かにしてほしいという願いは、当然受け入れてもらえると考えていた。だが、その言葉が、冒頭の激しい言葉を誘発した。

洋さんは、急いでその場を離れた。私に暴力を振るわないための精一杯の自己コントロールだった。

†苦しみのあり処

洋さんと初めて会ったのは、二〇〇〇年の春先のことだ。ひきこもりという言葉が社会で広まり始め、数年したころだった。

三〇歳近くになっても仕事に就かない。部屋に閉じこもったまま家族以外、人に会わない。そんな若い人たちが増えている。そのような報道がなされるようになり、耳目を集めていた。

私はひきこもりと呼ばれる人たちの存在に心揺さぶられた。私自身、幼い時から生きにくさを抱えていた。何かが反応した。

ある支援団体が、当事者の意見発表会をするということだった。当時、まだ、限られた民間団体が支援をしたり、親の会を主催したりしていた。支援者側も当事者側も何が起きているのかよくわからないようだった。

彼らが精神的な病なのか、そうではないのか繰り返し問われていた。「メンタルヘルス」という言葉はまだ一般的ではなかった。

取材を申し込み、約束の当日出かけた。三人の発表者の一人が当時三二歳だった洋さんだった。ボサボサの頭で、スラックスとシャツ、それに大きめのコートという地味な格好で、清掃のアルバイトなど、仕事に就いても続けられない近況や、親への感謝の気持ちなどをやや早口に語った。社会批判も入っていた。

当事者インタビューを申し込み、記事を書いた。

記事が掲載された後、今後もこのテーマで取材をするつもりだという私に、洋さんは、時々電話をして、自分を理解してもらいたいと言った。私もそれはありがたいと答えた。すると、二、三カ月に一度、洋さんから電話がかかってくるようになった。

洋さんはいつも「今、いいですか」と丁寧に挨拶をした上で、近況を話してくれた。英会話を始めた。外国人の先生には、自分の気持ちをうまく話せる。勉強が楽しいなど、前向きな話が多かった。私は「それはすごいね」とか「へえ、頑張っているんだね」など、相槌を打った。

秋葉原の通り魔事件など、社会への適応しにくさに関わる大きな事件が起きると、しばらくして電話がきて、洋さん自身の感想を話す。私はゆっくり耳を傾け、率直に意見を言った。今思えば、洋さんは私の意見に反論することは決してなかった。

そんなふうに話を聞き続けて、私は洋さんを励ましているつもりだった。だが、それは私の自己満足だったと、再会して知った。

洋さんが語る言葉で私が組み立ててきた彼の「成長」と、その時彼が立っている「場所」は違っていた。私には洋さんの実像が見えていなかったし、苦しみも理解していなかった。多分、今も理解できてはいない。

洋さんが私に求めた役割は「評価する人」であり、「特別な友達」だったのではないか。取材者である私は、ひさしぶりに再会したこの日、洋さんからその場の人たちに、古くからの友人として、少し得意げに紹介されたような気がした。

†人を所有すること、されること

私が夫と結婚を決めた時、夫は親族に、少し得意げに私を紹介した。その時のことを思い出した。伴侶を得て共同体の親族に見せに帰る。そんな印象があった。夫の気持ちは親族の方に向いており、私が何を考えているか、どんな人間か、親族にはひとまず関係がない。

結婚式と披露宴がまず、二人が住む東京で行われ、その後、夫の故郷でも披露宴が開かれた。そこに、私の両親だけが出席した。両親は並んで、丁寧に親族の一人ひとりに頭を下げて回った。儀式ばったその雰囲気に私の中の何かが強く反発した。

その日の夜、私は夫に結婚を解消すると言い立て、夫は動揺し、大げんかになった。結局籍は入れなかった。事実婚となり、三年後に息子を妊娠すると、胎児認知をした。息子が小学校に上がる時にどちらの姓がいいか本人に尋ね、夫の姓になった。ついでに書けば、息子が生まれた時、夫の母親から「お手柄」と言われて私は憤慨した。

人を所有すること、されることについて、私はこだわってきた。

その背景には、結婚前から息子を出産するまでの約六年間、私は最初の著書『満州女塾』の執筆に取り組んでいたことがある。

一九三〇年代に列強に伍したいと拡大政策を取っていた日本は、満州事変を起こし、中国東北部を支配下に組み入れ、満州国を建国した。そこに国策として、昭和恐慌で疲弊する農家の二、三男を送り込む。三七年に日中戦争が始まると、徴兵適齢期の若者より、さらに若い一五歳から一九歳までの少年たちを満蒙開拓義勇軍として集め、現地に送った。その数は八万人を超える。四〇年にはその少年たちの妻にするために少女たちを日本全国から集め、現地に作った「女塾」に連れて行った。約三〇〇〇人程度だ。

私は、『満州女塾』の執筆時には、その中のいくつかの開拓女塾の卒業生に取材をして、なぜ、満州に行こうと思ったのか、現地での生活はどのようなものだったのか。ソ連軍侵攻後の引き上げの状況、引き上げ後の生活などを聞いた。

三十代だった私は、少女たちが、ここではないどこかに行きたいと願い、そのために、新しく建国された満州国に憧れた気持ちがわかる気がした。その憧れの気持ちを国に掬い取られ、国に結婚を強要された。しかも、夫は根こそぎ召集で国に奪われ、幼い我が子を連れて難民となって雨の中を何日もさまよう。時には、我が子の死を願い、実際に、我が子の首を絞めたとも聞いた。あるいは、我が子の命を守るために中国人男性の妻になり、生き延びた人もいた。帰国後も、様々な困難を抱えることになる。国が「イエ」制度を使い国民を利用したのだと思った。国によって結婚が管理され、女性が男性の付属物のように扱われた歴史があることを知った。

それはともかく、再会した日、そんな風に洋さんから仲間に紹介されたことに、違和感があった。私は「取材者」として、洋さん自身の価値を高めなければならなかった。しかし、私は、洋さんの願ったとおりに行動しない。むしろ、洋さんが認めたくない人を評価した。そして、私は激しい怒りを買った。

私は洋さんが怒り始めるまで、そんな役割を負わされていることを知らなかった。それは、洋さんが味わってきた苦しみに対応していた。

†親の願いが子どもを束縛する

洋さんから聞き取った話は以下のようになる。

父親は、二〇一五年現在七〇歳代後半になる。一九三〇年代の生まれだ。現役時代は大企業の幹部だった。

北陸の地方都市の植木職人の息子で、長男だった。その父親、つまり洋さんの父方の祖父はギャンブル好きで、早くに亡くなった。父親は高校卒業後働いて、弟たちを大学に行かせた後、二〇歳を過ぎて大学に進学して二八歳で就職した。この会社で定年まで勤め上げた。この年代、兄弟が一丸となってイエの価値を作っていた。振り返ってみれば、現代社会では、長兄が兄弟の未来に責任をもつという価値観は一般常識にはない。

父よりも二、三歳年下の母は、この年代には珍しく大学卒で、洋さんを出産するまで大学で教えていたこともある。母方の祖母も教員だった。夫婦仲は悪くはなかった。母は教育に熱心で、家庭では勉強が重視された。

妹は小さい時から成績優秀で、有名大学を卒業し、結婚して家庭をもった。

洋さん自身は、成績は悪くはなかったが飛び抜けて目立つほどではなかった。

就学前の洋さんは『家庭の医学』を好んで読んだ。母は喜び、子ども向けに編集された百科事典を買い与えた。洋さんは毎日ページを開き、字を覚えた。

小学校に上がってからは、帰宅後、母が横について勉強をみた。当時、母はよい成績を取って、いい大学に入りなさいと繰り返し言った。

洋さんは理科と国語は好きだった。小学校五年生の頃、微生物に興味をもった。担任が、大学で微生物を研究した経験があり、本を貸してくれた。洋さんは、夢中になって読んだ。だが成績に結びつかないこの勉強は、母親からは評価されなかった。

中学二年になると、父親が勉強をみるようになった。

「父は殴ったり、怒鳴ったり。僕が必ず泣くので、普通に勉強が終わることはありませんでした」

父と母の願いが、洋さんを強く縛っていたように私には見える。だが、二〇〇八年の取材当時、洋さんは「親の思いに応えられないことが悲しい」と言った。父母を尊敬していた。父親のことを「神様」と言い、母のことは「バランスが取れた人」と言った。

小学校時代、いじめにあった。中学時代にはクラスの女子から「気持ち悪い」と言って遠ざけられた。クラスメイトが集まると聞いて、友達の家に遊びに行ったら、誰もいなかったこともあった。

ティーンのころ、性への興味は自分でことごとく潰したと語っている。

当時、夢中になっていたのは、「宇宙戦艦ヤマト」などのアニメだった。だが、周囲の中学生たちは、こうしたアニメで語られる「愛」は絵空事だと嘲笑する。周囲との違和感はいつもあった。

高校は中堅の私立高校に進んだ。高校に入ってからも、女子から嫌がられることは変わらなかった。そして、間もなく成績が急激に落ちた。その時の記憶は飛んでいて、自分に何が起きたのかわからない。

人は精神的に極度に追い詰められると、記憶が飛ぶ。目の前の現実に直面しないことで命を守る。時には、それが病の発症であることもある。洋さんは「この時自分は神経症を発症したのではないかと思う」と語った。だが治療は受けていない。むしろ成績が落ちたというので、両親に激しく叱られた。学校は休まず、通学を続けた。トイレにタバコが落ちていると先生に届ける。体育館履きと上履きを決まり通りに履き替える。極端なほど規則を守ることに真剣だった。

洋さんは高校の教員には手をかけてもらったと感じている。

「でも、先生に自分の気持ちは言いませんでした。というより、なぜ、自分がこんなにつらいのか、わかりませんでした」

†世間の価値観を内面化する

更に、アニメに没頭した。学校近くの大型書店に毎日立ち寄った。コスプレの大会にひとりで参加して楽しんだ。母親に頼むと、希望通りの衣装を縫ってくれた。

卒業後はアニメーターの学校に通った。両親の反対はなかった。だが、半年ほどで通学できなくなった。同級生と比べると、実力がない。両親に、もう一度大学に入り直すと伝え、専門学校は辞めた。だが、受験はしなかった。

「アニメの仕事をしたかったのではなく、アニメの世界にこもってしまいたかったのだと思う。そうすれば、こんなに辛い思いをしなくてもいいと思ったのだと思います」

現実の女性たちよりも、アニメの中の女性に親しみを感じていた。

ちょうどそんな時、連続幼女殺人事件が起きる（一九八九年）。これは四歳から七歳までの幼女、四人を殺害し、遺体の一部を家族に送りつけたり、犯行声明文を新聞社に送りつけたりした猟奇的な事件だった。犯人宮崎勤の自宅には六〇〇〇本ものビデオテープが残されていた。この事件をつうじて、「おたく」と呼ばれる、他者との関係をうまく作れないまま、アニメなどのビデオ作品に閉じこもる男性たちの存在が注目された。

洋さんは、自分と同じような人間がこのような事件を起こしたと、衝撃を受けた。イメージの中に逃げ込むことも許されないのだと感じた。二〇〇一年のインタビューでこの事件に触れた時には、次のように語っている。

「親のせいだ、社会のせいだという風潮を見ると、張り倒してやりたくなる。皆がおかしくなっていると思う。自分がこうなったのは、自分がいけないのだと思っている」

洋さんの価値観は、親側、社会の側からの見方だ。世間一般の価値観を内面化し、自己責任として受け入れている。

洋さんは三〇歳の当時、「これがうちの息子だと、父が胸を張れる存在になりたいです」と私に語った。

「父は尊敬すべき人であり、怖い人でもある。親父のように、自分はなれない。全然ダメだ。親の期待に添えないことが辛い。五体満足に産んでくれたのに。どんなことがあっても負けてはいけないと思ってきた。はみ出してはいけないと思ってきた」

洋さんは、親の願い、そして社会の願いを内面化し、その価値観に合わせられない自分を責め続けていた。自分の側から価値観を立ち上げて生きることができない。その背後には、親に認めてもらいたいという、非常に強い思いを抱えていたのではないか。

†過剰適応のなかで頑張る

宮崎勤事件の衝撃の後、洋さんはダイヤルQ2やツーショットダイヤルなどのセックス産業に浸るようになった。二二歳のときだ。父親が持ち帰った夕刊紙に広告が載っていた。

それまで、誰も相手にしてくれなかったのに、女の子が電話に出て、自分を持ち上げ、話に耳を傾けてくれる。突っ込んで性の話ができる。思いがけない世界だった。

男としてのセクシャリティーには自信はない。ところが電話越しに声がいいと褒められた。性的に解放できることは、大きな快感だった。その後、毎日のように電話をするようになった。一月の請求が五〇万円を超えることもあった。

こうした突出した出費に困ったのは両親だ。この時から洋さんは、まだ数が少なかったひきこもりの支援団体に通うようになった。カウンセリングも受けた。

洋さんは、三〇歳当時のインタビューでは、こうしたことを過去のこととして話した。父親のおかげで、この悪癖から抜けられたとしている。

その後七年間、折に触れて私に電話をかけてきたが、そうしたことが話題になることはなかった。だが、二〇〇八年に再会してのインタビューで、この状況は、断続的に四十代まで続いたことを知った。

朝起きてアダルトビデオを見て、テレクラに出かける。年に何度かは女性と会う約束を取りつけて、待ち合わせる。そこに相手が現れないと、激しい憎悪を感じた。性的なこだわりは強迫的で、一七年間続いた。

「地獄の苦しみだった」と洋さんは四〇歳になってからのインタビューで繰り返し語った。

性の成熟は人の成熟に影響力を持つ。性は、家庭を作る根幹である。家庭が社会の基本的な構成要素だとすれば、性は社会のあり方を決める大切な要素だ。そして、性意識自体が、この三〇年間で大きく変化している。親世代では十代でセックスをすることは早い体験だったが、子どもの世代では当たり前になる。生涯の性的パートナーの数も親世代と子ども世代では大きく異なる。

ひきこもる人たちにとって、性は大きなファクターだ。ある人たちにとって、性的な相手を獲得できないことが大きな苦しみとなる場合がある。

私が出会ったある四十代の男性は、就労支援を繰り返し受けてきた。そして、それと同等程度に強い性の悩みを抱えていた。

現在までに四人の女性と交際し、なかには七年近く交際、同棲した女性もいる。だが、そのうちの誰ともセックスをしたことがない。現在の彼女は、小さいときの虐待体験から男性との接触に恐怖心をもつ。だから、セックスを拒む。だが、男性は、彼女に対して性体験が持てないことに強い不満があった。

「男性として、傍らに性的な関係をもてる女性がいるということが確立できていないと、先に行けない感じがするんです。何でも言うことを聞いてくれる女性が欲しいと言うのが、本音です」

ただし、おしゃべりはおたがいの気持ちの支えになっている。

「腐れ縁です。彼女にセックスを無理強いできないことは分かっています。でも、Ａｉｂｏのような、何でも思い通りになる女性がいてくれたら、と思ってしまうんです」

——それって、下手をするとＤＶの関係になりませんか。

そう尋ねると、男性は途方に暮れた顔をした。

女性と関係を持つことは、この男性にとってなくてはならない規範だ。だから、最低月に一度は必ず性産業に通う。彼自身、金銭的な対価がないと、性的な関係をむすべないと言った。自信のなさをお金で埋める。それが生活が経済的に立ちゆかなくなる原因にもなる。彼には経済的なコントロールもまた、生活上の大きな課題だ。

セックスは、自身のコントロールが及ばない他者に、自分自身を投げ出し、受け止めてもらうことだ。うまく受け止めてもらえた時、幸せなエロスとなる。だが、無防備な自分を他者が受け止めてくれるという確信がもてない。世界を信用できない。それは、育ちの中で負った傷があるからだ。

ところで洋さんは、性産業にはまったとき、病院だけでなく、民間の心理士のラボにも通院し、ひきこもりの「治療」を受けた。親子関係の分析などされたが、治療はうまくいかなかった。

このころから、一〇年間ほど風呂に入ることがとてもつらい時期があった。夏になると服が白く塩を吹いた。

仕事は断続的に続けていた。ハンバーガーショップの店員、店舗の深夜の掃除、工場のラインでの基盤の組み立てなどだ。正社員として半年間働いたこともある。だがどれも続かなかった。

最後に仕事に就いたのは、四〇歳になったころ、派遣労働で道路工事の交通整理の仕事だった。だが、この時は二カ月で辞めた。

「真剣に交通整理の仕事で食べていこうと思っていたのですが」

と、洋さんは言った。

仕事の能力がないわけではない。順調に仕事ができる時には、対応できる。ただ、トラブルが起きた時に動けなくなった。

仕事では、いつも緊張していた。一緒に働く相手は現場ごとに替わる。親切な人もいたが、容赦なく怒られたり、屈辱的な扱いを受けることもあった。相手が何を考えているのかわからない。誰も信用できなかった。

アンテナを高く立てて周囲の人たちの動きに気持ちを向け、過剰適応のなかで頑張る。しかし、緊張のなかでの仕事ほど疲れることはない。日を重ねるにつれて、ミスが出る。いたたまれなくなった。

仕事を続けられないのは、ひきこもりの人たちが甘えているからだという意見がある。だが、当事者には、仕事に就くことへの強い期待と怯えとがある。だからこそ不十分な自分を空想上の「他人の眼差《まなざ》し」で評価し、細かくチェックをし続けて、不安になる。

不都合なことが起きると、まず自分のせいだと思う。自分を烈しく責める。ところが、客観的には、当事者が悪かったわけではない場合もある。

一緒に働く人が、その人自身も弱さを抱えている場合、当事者が弱いとみると、責任を押しつけて、自分を正当化してしまうこともある。そのとき、誰も当事者を守らない。周囲が気がつかない場合もある。あっという間に仕事を続けることは困難になる。

自分を責める感情は、恥ずかしさを呼び込む。そして、あらゆるところから、自分自身をチェックする。

†他者から眼差され、値踏みされること

ところで、再会した当時、洋さんは取材をしてほしいと私に頼んだ。自分がどのように変わったのか、私にジャッジをして欲しかったのかもしれない。

だが、取材はうまくいかなかった。

当初、洋さんはいかに自分が頑張っているかを語った。体の鍛え方、冒頭で引いたような服の選び方。タバコをやめようと、どんなに努力をしているか、当事者の会でどんなに重要な役割を自分が果たしているか。

見てほしい自分を熱心に語った。

だが、私の質問が仕事や両親との関係に移ると、すぐに話題を変えた。知られたくないことなのか、私の視線に生身の自分をさらすことには、緊張し、硬直するようだった。

「他者から眼差され、値踏みされること」それは、ひきこもる人たちやその痛みを引きずりながらかろうじて社会に出てくる人たちにとって、この上ない苦痛だ。さらに言えば、自分自身を空想上の「他者の眼差し」で切り刻む。かならずしもこちら側がそのように見ているかどうかとは、関わりなく苦しむ。

かつて、長期間ひきこもり、『「ひきこもり」だった僕から』（講談社　二〇〇一年）を書いた上山和樹は、同書のなかでこう書いている。

「私にとって、「ひきこもり」は、はずかしい中でももっともはずかしい話題であり、傷の中でももっとも耐えられない最悪の傷でした」

「ひきこもり」が当事者にとってもっとも恥ずかしいことなのだ。社会は、ひきこもりを恥ずかしいことと見做している、そう、当事者たちは、考えているともいえる。そこに社会と当事者の深い亀裂が生まれる。

上山によれば、ひきこもりの人が風呂に入れないのは、清潔に無頓着だからではなく、あらゆる手順の正しさにこだわるためだという。いったん手順を間違えると、再度、最初から始める。そのために、無駄に疲労してしまうのだ。

ひきこもりは、正しくなければ生き残れないという不安を抱え、正しくあろうとして細部にまで気を配り、結局正しい行動が取れず、自己を責め抜き、恥ずかしさにまみれる行為だ。

場の「正しさ」に順応できないとき、その場にはいられない。

私が会ったある経験者は、長期間ひきこもるうちに、隣家の主婦が自分を攻撃する声の幻聴に悩まされるようになった。幻聴は、背後に統合失調症などの精神疾患が潜んでいる場合がある。だが、この男性は、社会的な関わりを取り戻した後、幻聴を聞くことはないそうだ。

自分に与えられた役割通りに生きられないという強い自責の思いが、隣家の主婦の声となって彼を責め立てたのだ。

上山は次のようにも書いている。

「ひきこもるというのは、実は自由でも何でもなくて、自意識の地獄です。私はよく、「二四時間オンだ」という説明をしています（略）。社会的承認がまったくえられない状態というのは、四六時中、ずっと針のムシロの上です。スイッチが切れない」（『医学環境を変える』多賀茂・三脇康生編著、京都大学学術出版会）。

かつて著名な評論家は「ひきこもることはその人の成長には必要なことだ。無理やりひき出すべきではない」と語った。常識的な判断をいったん棚上げにして、孤独の中で自分自身に向き合い、考え、新しい価値観、規範を編み上げることは、人を成長させる。

だが、現代の「ひきこもり」は、自分自身と向き合うこととは違う。既存の価値観を内面化し、自己点検を繰り返し、その内面化した価値観に合わない自分自身が社会に漏れ出すことを必死になって防いでいる。そうでなければ社会での居場所を失うと感じ、その不安と恐怖と戦っている。だが、どのようにしても漏れ出す生身の自分を隠すことはできない。

ひきこもりは「自傷行為」だと多くの経験者が言う。そうすることでかろうじて生き延びることができる、その人なりの逃げ道だ。

ひきこもる人たちを追い詰めているのは、その人を縛る内面化された価値観だ。内なるその人の価値観を作り上げるのは、時代の常識であり、それぞれの家庭が引き継いできた価値観でもある。さらに、いじめを体験するなど、自分が学校という共同体に受け入れられないという体験を重ねれば、自分を変形させなければ社会には受け入れられないと実感して育つ。今のままの「私」では、家の外に出て行けないと感じている人たちは自分自身の本音を隠す。時には、自分自身、本音を隠していることにすら気がつかないまま、マイナスな自分を人に見せようとはしない。

本来は、幼いころから家族から受け取った価値観・規範は、家族を離れ、多くの人たちに出会い、経験を積み、新たに信頼できる人たちを見つけ出し、自分の主体的な価値観・規範として作り直していく。牢獄に閉じこめられたかのように固まった価値観・規範を打ち壊すには、第三者の存在が必要なはずだ。

だが、そうした他者に出会えないとき、さらに人や社会を信頼する力を奪われてしまう。

†ひきこもりは病なのか?

ひきこもりの定義は、一九九八年に出版され、その後、社会に大きく影響を及ぼした精神科医・斎藤環の『社会的ひきこもり』(PHP新書)で示された、次のものが長く使われた。

「二十代後半までに問題化し、六カ月以上、自宅にひきこもって社会参加をしない状態が持続しており、ほかの精神障害がその第一の原因とは考えにくいもの」

その後、「二十代後半までに問題化し、」という文言が外された。二〇〇八年当時の『週刊朝日』のための取材で、斎藤は次のように語っている。

ひきこもり人口の高齢化は押しとどめようもなく進んでいます。私の患者の平均年齢は、二〇年前で二一歳でした。今は三二歳です。高齢化の理由の一つは、初発年齢が上がったこと。かつては不登校から連続して、あるいは学校を卒業してすぐに起きるものでした。最近は、就職後や三十代になってからなど、発症年齢が遅くなっています。もう一つの理由は、いったんひきこもった人たちが、ほとんど抜け出せずにいることです。私の憶測ですが、抜け出せたのは全体の一〜三割程度でしょうか。

二〇〇九年に成立した「子ども・若者育成支援推進法」は、ひきこもる青年や学校に行けない子どもたちへの支援を法的に保障した。それを受けて、厚生労働省の研究班が二〇一〇年五月一九日に公表した「ひきこもりの評価・支援に関するガイドライン」によれば、ひきこもりとは「様々な要因の結果として社会参加（義務教育を含む就学、非常勤職を含む就労、家庭外での交遊など）を回避し、原則的には六カ月以上にわたって概ね家庭にとどまり続けている状態」を指す。同省の調査では、全国に約二六万人（正確には約二六万世帯にいる）と推定される。

二〇一〇年の内閣府の調査によれば、「ふだんは家にいるが、近所のコンビニなどには出かける人」など狭義のひきこもりは二三・六万人、「ふだんは家にいるが、自分の趣味に関する用事のときだけ外出する」、準ひきこもりは四六万人。あわせて六九・六万人という数字になる。

その後、大掛かりな調査は行われていない。

ひきこもりは病なのか、そうではないのか、長い間、専門家の間でも意見が分かれていた。ひきこもりの背景には、発達障害などの障害が隠れていることも指摘されている。

厚生労働省のガイドラインは、ひきこもりの大半に多彩な精神障害が関わっていると指摘し、支援の必要性を強調している。医療による治療のモデルも示された。

実際には、各地で地域の資源を生かした取り組みが行われており、不登校・ひきこもりを発達の危機と捉えて、社会福祉的、教育的視点からソーシャルワークをする手法なども行われている。

さらに、松山大学准教授の石川良子は『ひきこもりの〈ゴール〉』（青弓社　二〇〇七年）のなかで、当事者からの丁寧な聞き取りと、社会学的な知見を積み重ねるなかで、「「ひきこもり」は存在論的不安の観点から理解することができる。つまり、当事者にとって〈社会参加〉が難しいのは、〈実存的疑問〉に直接対峙している（対峙せざるをえなくなっている）ためだと捉えられる」と書いている。石川は、ひきこもりからの回復は、「存在論的安心の確保」であり、「生きることへの覚悟、生きることや働くことの意味といったものを手にすること」だと述べる。

いずれにしても、存在の肯定がひきこもりからの回復には欠かせない。

だが、だとすれば、なぜ、これほど多くの若者が存在の危機を抱えるようになったのだろうか。

第二章

家族という幻想

――近代日本のイエ制度

†その場の規範に自分を合わせる

二〇〇一年に洋さんをインタビューしたとき、ほかにも何人かのひきこもり体験者と話をした。

そのうちの一人、木下誠さん（仮名　一九六七年生まれ　当時三四歳）は、一九八一年、中学二年で父の転職に伴って転校してから不適応を起こしていた。

父親は昭和一二（一九三七）年生まれ、地方の教師の家庭の出身で、大手企業のエンジニアから公務員の研究職に転身した。昭和一四（一九三九）年生まれの母親は、専業主婦だった。

誠さんには小さいときから頑張ってきたという自覚があった。中学時代、父の転職に伴って転校すると、自分がクラスのどの位置にいるのかが気になるようになった。成績だけでなく、足の長さも重要な比較のポイントだった。国語の授業で教科書を読まされ、自分の声が震えることに気がついた。他人の視線が気になって仕方がなくなったころ、父が、転職をきっかけに軽い強迫症を発症していることに気がついた。いつまでもガチャガチャと音を立てて玄関の鍵を調べている。あの父でさえ、こんなに苦労しているのだ。自分も頑張らなければと思った。そのうち、学校では自由に口がきけなくなった。

私は、誠さんの両親にも別にインタビューをしている。父親によれば、そうした緊張感を抱えていた時期はごくわずかで、その後は職場に馴染み、仕事を楽しんだそうだ。だが、誠さんには、仕事を楽しむ父親の姿は見えなかった。

高校は進学校に進んだ。両親は喜んだ。自分自身も、ランクの高い大学に行こうと思った。だが、勉強が手につかず、成績は悪かった。

「社交的で、勉強もできて、やりたいことがいっぱいあって、そこにのめり込んでいく人には勝てなかった。格好の悪い自分をクラスメイトに悟られないようにすることに必死だった。また声が震えてしまったら、自分には致命的だと思った」

おそらく、あらゆる自分の行動を見張り、その場を覆っている規範に合わせようとした。日々を過ごすだけで精一杯で、勉強どころではなかった。

「格好よくなくてもいい」という選択肢は誠さんにはなかった。

高校に行けなくなり始めた頃、しばらくは親兄弟だけにしか自分の姿を見せないで、脱皮したあかつきに皆の前に出て行こうという気持ちが強くあった。外出と言えば、人気のない田舎道でミニバイクを乗り回した。誰にも気づかれずに移動できることが嬉しかった。

二十代になると、容姿コンプレックスが強くなった。いつも鏡を見ては、自分が崩れていないかを確認していた。そんな自分を誠さんは、ヴィスコンティ監督の映画「ベニスに死す」の最後のシーンで、主人公の作家が、憧れを募らせた美少年を眺めながら、化粧をして髪染めが溶け出す姿で死んでいくのになぞらえて語った。誠さんは、苦しみの中で活字が追えなくなっていた。この時期になると、映画を見て、自分自身や社会について考えることが多かった。

✝親の価値観を生きようとするが……

木下家では、父親の両親が、母親に対して、子育てがまちがっていると意見を言った。母親によれば、舅姑の言葉に過剰に反応しないよう、穏やかに対応していたそうだ。だが、誠さんは、母親が自分を立派な存在に育て上げる義務を負わされていると感じていた。

母親のために金《きん》にならなければいけないとも思っていたという。

「でも、自分はメッキだと気がついてしまったので、母親の思いには応えられなかった」

追い詰められた時、誠さんは、どうして自分を産んだのかと、母親の首に手をかけることもあった。感情をむき出しにできる先は、母親以外になかった。父親がいるときには、感情は出せない。

「両親は自分を所有物だと思っていると感じていました。自分も親を所有していると思っていいた。家族が立派な家族であるために、一丸となって頑張っているという気持ちでいた」

一人ひとりがそれぞれの役割を果たして、家族は閉じこもっていく。

誠さん自身には家族以外に信頼できる世界、身を預ける場はなかった。

†近代日本のイエ制度

誠さんにしても、洋さんにしても、親の思いを実現するために生きているような心のあり方がある。親の価値観をそのまま生きようとして、生きられない自分を激しく責め、痛めつける。

二〇〇一年に木下家を取材した当時、私は誠さんが語った「親が自分を所有しており、自分も親を所有している」という感覚を比較的違和感なく受け取っていたように思う。だが、その後、児童虐待の現場などの取材を重ね、困難を抱える子どもたちの日常を見るなかで、孤立した家族の中で、多くの子どもたちが親独自の価値観に縛られて、社会に強い怯えを抱えている姿を繰り返し見た。

家族は、どのように子どもたちに価値を伝えるようになっていったのか。

かつて日本では、農業従事者が人口の八割を超えていた。子育ては共同体で行われていたという。飢饉などで子どもが多すぎるときには、取り上げババが、生まれた子どもの口をそっと濡れた布で塞いだ。それが人口調整となった。

被支配階級である農民は移動を厳しく制限され、生涯をその土地で暮らし、家業、土地、財産を次世代につなげた。長子がイエを継ぎ、弟たちはときには兄の使用人として働き、一生結婚できないこともあった。性は一族の産業や土地、財産を次世代につなげていく装置でもあった。

封建社会を大きく変化させたのが、明治維新だ。戸籍が作られ、家長を中心に「イエ」が作られる。人口の一割に満たなかった武士階級のイエ制度の一般化だったともいえる。子どもは、家長のものとなり、結果、天皇の子どもとなった。男性がイエをつかさどる。

富国強兵のための徴兵制が敷かれ、学校制度が作られる。この二つの制度が、日本全国に画一的な身体や思考を広めていった。教育を通じて、立身出世が可能になる。女性たちはお国のために結婚し、兵士となる男の子を産み、次世代の母性となるべく女の子を産むという価値観が生まれ、広がる。

この時期、嫁である若い母親たちよりも、家長である父方の男性たちの意向が子育てに強く影響を及ぼした。家族は家業の労働力であり、女性たちは子どもを産むことで身分が安定する。若い女性たちは、夫との関係よりも子どもとの関係に安らぎを求めた。

貧しい家に育つ娘の中には、色街に売られていく者もいた。そうした女性たちは子どもを産み育て、家業、土地、財産を伝えていく表の世界からあらかじめ排除されている。子どもを産み、家を守っていく性を持つ女性と、男性たちに楽しみの性を提供する女性たちは隔てられていた。

一方、産業化のなかで、サラリーマンが誕生する。その家族は一族が産業を支えるという家族形態から、夫が金を稼いできて、妻が育児介護を支えるという近代家族へと変わった。ただし、それはまだ一部のことだ。

戦争が始まると、女性たちの「母性」は、さらにお国のために子どもを産む存在として称揚された。

†近代家族の誕生

戦後、民主主義と呼ばれる社会に変わった。憲法二四条は「婚姻は、両性の合意のみに基いて成立」としている。結婚はイエのため、国家のためのものではなくなった。家族は男女が出会い、子どもが生まれ、育ちあがり、やがてどちらかが死を迎え、消えていくものとなった。もちろん「離婚」をすれば、より早く家族は消えていく。

家族は家業にも先祖代々の土地などの財産にも支えられなくなる。

さらに、産業の発達の中で、人々は自由に移動するようになった。生まれ育った地域を離れ、見知らぬ土地に家族単位で留まり、子どもを育てるという、新しいあり方が一般化した。

だが、伝統的なイエ意識や、母性意識は残る。この時期の中心的な産業の形態により、男は外で働き、女は家事をするという役割分業が生まれる。これは「近代家族」と呼ばれる。

伝統のイエ意識が濃厚に残る中で、近代家族としての生活が始まると、そこに葛藤が生まれる。近代家族では家庭は、子育て、介護、家事、労働力の再生産を担う場であるとされるが、社会保障は、イエ制度の記憶を基盤として作られる。例えば、保険証は世帯単位で作られ、世帯主の保険証で家族皆が受診する。

家族は個人が生きていくための単位となる。

社会は「家族」を基盤に構築されていく。そして、子どもは「家族」のために育てる。家族を生み出す根幹に性があるとすれば、性的存在になれないことは、近代家族では社会の一員となることから排除されることにつながる。男性の生涯未婚率は現在二〇パーセントを、女性は一〇パーセントを超えているが、近代家族がもっとも基本的な形で存在していた六〇〜七〇年代はそれぞれ五パーセントを切っていた。

六〇年代から七〇年代初頭にかけて、高度経済成長時代、人々の地理的、職業的な移動が進んだ。この時期、都市において、コインロッカー内に放置されてなくなる嬰児が続出する。故郷を離れ都会で就労し、男性に出会ったが家族にならずに妊娠した女性たちが、どうすることもできずに出産し、強い社会規範の責めを負って我が子を遺棄したものが多い。これは、若い人たちの移動が活発だった時代を映している。

同時期、教育があまねく広まり、高校進学率が急上昇する。教育が人を分類し、社会に位置づける役割を持つようになる。高い教育を受けることが立身出世につながる時代が到来する。

団塊の世代の多くの若い親たちは、兄弟が多く、幼い時から弟や妹の子育てを手伝ったり、親戚の子どもたちを見て育っている。共同体のなかで子どもが育つ様子も知っていた。しかも、兄弟や親戚同士が都会に出てくるため、頼りあう先もあった。だが、次第に育児の孤立化が生まれていく。家庭は子育て、家事、労働力の再生産をする場であり、子育ては母親が一人で責任をもつものとなった。

†育児不安に苦しむ母親たち

こうして、母親一人が子育てに責任を負うという価値観が人類史上初めて出来《しゅったい》した。しかも、戦時中に称揚された母性礼賛の気分は社会に大きく残っている。さらに、育児書が売られるようになり、国外からの育児情報も入ってくる。子育てを見たことがない若い女性たちは、育児書や雑誌に頼る。

この時期、子育てに自信がなく孤立した母親による、母子心中が起きるようになった。

東京都世田谷区に日本初の雑誌図書館、大宅壮一文庫がある。私は二〇〇一年当時、「子殺し」というテーマで検索を掛けてヒットした記事、全てを読んでみた。

『婦人公論』一九七四年六月号には「インテリママの双子殺し」という記事が掲載されている。執筆者は作家の澤地久枝。「都会育ちのこの母は、上智大学を卒業しており、夫の転任先である福島市」に住んでいたとある。「この双子殺しが異様にきわだっているのは、母親の学歴も高く、生活環境も恵まれ、経済条件もそなわっていること、つまりこれといった理由もなくつぎつぎに二人の乳児を手にかけている点にある」と続く。

母親は二七歳、子どもたちは生後六カ月の男の子だった。

母親は「育児書の極めて忠実な信奉者」だったそうだ。子どものお風呂の水は、水道の水を浄化装置を通して消毒してから使い、流しには色違いの五、六個のたわしがかけられて、食器用、野菜用、油もの用にわけられていたという。強迫性があったように思われる。産後鬱の状況にもあったようだ。実母が体を壊すまでこの家族の子育てを手伝い、さらに、その後は、手伝いの女性たちも来ていたという。おそらく、双子の世話が負担であることが、周囲に見て取られたのだと思う。その手伝いの女性が所用で一週間ほど来られなくなった時点での子殺しだったようだ。

生活困窮による子殺しではなく、育児不安、育児ノイローゼを抱えての子殺しであったことが推察される。

この事件は当時、「核家族の悲劇」と報じられたようだ。それに対して、作家は、「「家」に縛られない、夫と妻との独立した家族単位。そこから生まれた核家族であったと思う。自由の代償が高いことは、（略）出産も育児も、いわば一人立ちしてやってゆかなければならなかったことにもあらわれている。それはまた当然なことであったと思う」としている。核家族であり、教育も受けた母親なのだから、自覚をもって子育てをするべきだったというのである。

「……は二人の子供をほとほともてあまし、誰かかわって育ててくれる人はいないだろうかということを日頃から口にしていたという。（略）ほとんど育児の苦労にまみれていない」「幼いというか未熟というか、おぼつかない若い母親」「大学を出るということが一体どういう意味をもつものであったのか」「大学は出ていても、二七年生きてきていても、少女のままで発育のとまってしまったような素顔」「いまや母性の崩壊現象はひどく鮮明になってきている」

と、作家は驚きを隠さない。当時の雑誌は、この事件に限らず、子殺しについての論評で、母性を求める声に満ちている。

「自分は一歩退いて、子どものために生きなくちゃ、この子のために苦労しても頑張っていこうというほんとうの母性愛がほしかったですね」（『主婦の友』七八年七月号）というのは、自閉症の四歳の男の子を心労のあまり殺害した、四六歳の母親に向けての識者のコメントである。

産業化が進み、貧困から逃れれば、楽しんで子どもが育てられると信じられていた時代の通念は、一人で子育ての責任を担う女性たちに厳しい。

†低成長時代の社会現象としてのひきこもり

ところで、不登校、ひきこもりの第一世代は一九七〇年代半ば、つまり、ちょうどこの時代に顕在化していく。

七三年のオイルショックを境に、日本の経済は高度経済成長から低成長へと転換を余儀なくされた。同時に、教育界では高校・大学への進学率が上昇する。

それまでは大学進学者は限られ、卒業さえすればそれなりに就職ができて、ポストも得られた。だが大学教育を受ける者が増加する。教育に対する意識が強い親たちの中に、小さいうちから頑張らせれば、良い大学に行くことができ、社会的な安定を得られると考える人たちも生まれた。一方、経済成長が鈍化して、就職時に厳しく選抜される時代が到来した。

ひきこもりについて、現在、無視できないものとして、発達障害など本人の資質的な課題があると指摘されている。二〇〇五年四月には、「発達障害者支援法」が施行され、早期発見や発達支援を国と地方公共団体の責務と定めている。

だが、取材を続けるなかで気づくのは、高度経済成長期かそれ以前に就職した若者たちは、少々の偏りを抱えていても、社会の中に居場所を見つけることが今よりも容易にできたということだ。就職時、過酷に振り落とされることなく、会社が大きくなるにつれて、仕事の種類は膨れ上がり、ポストは増え、力を発揮できる場が次々に発生する。目の前の仕事をこなしていくことで、力をつけ、人との関わりを持ち、経済的に恵まれ、親世代の収入を超えた。

能力が吟味され、その力によって仕事をあてがわれるようになるのは、七〇年代半ばに入って、経済成長が鈍ってからだ。その頃から、不登校やひきこもり、育児不安という現象が顕在化していく。自分はうまく適応できるだろうか、対応できるだろうかという未来に対する不安が生まれていくのだ。

高度に産業化した社会は、次世代を、家族を超えて主体的であるようにとは、積極的に育てようとしなかった。一九九二年、文部科学省は不登校は子どもに特定の問題があっておきるのではなく、「誰にでもおこりうる」こととしたが、その結果、社会の側からの当事者や家族への働きかけは乏しくなった。

斎藤貴男著『機会不平等』(文春文庫 二〇〇四年)によれば、二〇〇〇年六月、教育改革国民会議座長、江崎玲於奈氏は「ある種の能力の備わっていない者が、いくらやってもねえ。いずれは就学時に遺伝子検査を行い、それぞれの子供の遺伝子情報に見合った教育をしていく形になっていきますよ」と語り、ゆとり教育の下敷きになる答申をまとめた、三浦朱門元教育課程審議会会長は「できん者はできんままで結構。(略)非才、無才は、実直な精神だけ養っておいてもらえばいいんです」と語っている。

学校に、社会に適応できなければ、未来はない。その不安感が親と子どもを追い詰める。「ひきこもり」は新しく出現した社会に対する、人々の不安と恐怖の表れだとも言える。

†ひきこもりの娘を抱える父親

二〇〇一年当時、十代半ばから二十代のひきこもりを抱えた父親たちにインタビューをして感じたのは、彼らの若い頃の「いい加減さ」のようなものだ。本人にある偏りがあったと推察された例は何人かあった。だが、若い頃、自分の未来に対して、不安を感じていた様子はなかった。

そのうちの一人、高校生のひきこもりの娘を抱えていたある父親は、一九五一年生まれで、当時五〇歳。仮に荻野雅彦さんとしておこう。待ち合わせの場所に現れた彼は私と挨拶を済ますと、くるっと背を向けて歩き出し、近くの店にどんどん入っていった。私の意向は尋ねなかった。コミュニケーションに偏りがあることが見て取れた。

雅彦さんは、北陸地方の農家に育った。父親は、四歳の頃、戦地でかかったマラリアが再発して死んだ。母子家庭だったが、親族がいたため、困窮することはなかった。ただ、父親がいないことにコンプレックスがあったそうだ。おおらかに感情を出して人と接した記憶がない。親族に遠慮して暮らす母親の、息子を立派に育て上げたいという願いを叶えたいという思いは強かった。

一九六九年、上京し、私立大学の法学部に進学。卒業後、司法試験を目指したが、二年続けて落ちて、弁護士の個人事務所に就職した。事務仕事をしながら試験に挑み続け一〇年が過ぎた。そのまま職員として勤務を続けた。

生活が安定して、三二歳の時に、同い年の妻と見合い結婚をした。故郷の母親が知人たちに頼んで探した相手だった。一九八三年ごろのことだ。

ひきこもりの人たちには、性的に相手に選ばれるかどうか、不安を抱える人が少なくない。その親世代の結婚相手は、その親たちが探している場合が散見される。周囲からの口添えや助けを得て、伴侶に出会っている。それは、何の後ろ盾もなく、生身の自分を人にさらすよりもずっと安心だろう。ちなみに見合い結婚が恋愛結婚を下回るのは七〇年前後と言われている。

雅彦さんの場合、妻もその母親が結婚相手を探していた。妻の母は、大卒である雅彦さんの学歴が気に入った。雅彦さんにとって、学歴は、結婚相手としての評価を上げる大きなファクターだった。

ところが結婚が決まった時、雅彦さんはきちんとした挨拶ができないために妻の実家とトラブルになった。

「妻の実家に行った日、妻の母親は、私が妻の家族と目を合わさないで挨拶をしたというので、帰りかけた私たちを、妻の弟に呼びに来させました。それで、もう一度実家まで戻って挨拶をしなおしました」

雅彦さんは、三十代になっても他者との関係に困難を抱えていた。その困難は、結婚後も続く。出勤時に、妻が玄関まで来て見送ることが苦痛だった。

「結婚して市営アパートで暮らし始めたけれど、出勤のたびに玄関先まで来て、いってらっしゃいと言われると煩わしい。だから、出てこなくていいと言いました。私は、子ども時代、学校に行くのにも挨拶はしなかった。家は農家で、皆、いつも仕事がありました。食事も、時間がある時にそれぞれが食べました。家族が集まって一緒に食べる習慣はありませんでした」

だがそれは、夫と結婚するために田舎から出てきた妻にとって、孤独な日々ではなかったか。妻は思い悩み、別れようと思った矢先に妊娠がわかった。離婚を思い止まり、長女を出産した。さらに三年後、次女が生まれた。

妻は長女に対しては教育熱心だった。しかし、精神的に不安定になると、長女に厳しく接した。次女には、あまり手を掛けなかった。

長女は孤独な妻の拠り所だったのかもしれない。

†家庭での交流を拒む父親

当時の雅彦さんの喜びは、職場で先生、つまり上司である弁護士に認めてもらうことだった。上司は雅彦さんの親と同世代だ。

「先生は病弱な妻を家に置き、若い愛人と暮らしていました。職場の女性たちにも高圧的なところがあって、嫌われていました。部下にも厳しく、先生とは合わないといって辞めていく男性職員もいました。私は、自分だけが先生にうまく合わせられると思い、誇りに思っていました」

家事は妻にすべて任せた。子どもたちとの交流もなかった。

「私が疲れて帰ってくると、妻は近所のことで愚痴をこぼす。娘の同級生たちの母親の中で、自分は年上だ。ところがヤンママが無礼な態度をとる。我慢ができない、と言いました。そういう話を聞くのは嫌で、妻が愚痴を言い始めると、すぐ席を立ちました。ひどい時には妻に話すなと言ったこともあります」

この夫婦にとって、家庭の中にも近所付き合いにも安定した人間関係がなかった。妻は長女の高校受験を前に、ひどく神経質になった。やがて、妄想が出て統合失調症を発症し、入院した。

長女は無事に高校進学を果したが、入学から間もなく、登校を渋りはじめ、六月には行かなくなった。高校に入学するまでが精一杯の頑張りで、クラスへの適応が難しかったのかもしれない。

妻が入院し、娘がひきこもった後、雅彦さんは食事を作るなど、家事をするようになった。二〇〇一年、私が話を聞いたのは、それから半年ほどたったころだった。

妻を実家に帰したい思いもあったが、妻の実家からは断られた。妻は病院に入院させたままだった。「表向きはみんなが早く元気になって、家族で和気藹々とできればいいと思う。でも本心を言えば、家族のことは忘れてしまいたい」と率直だった。

「娘の部屋は雨戸のシャッターを下ろしていつも真っ暗です。宅配便の人でも、訪ねてくると、さっと隠れてしまう。そういえば、私も幼い頃、人が来たら隠れるようなところがありました」

雅彦さんによれば、幼い時から愛情をかけてもらった記憶はあまりないという。

「感情というものがない。小さい時に、泣いて地団駄を踏んだ記憶がない。お袋を悲しませたくなかったから。いつも我慢をする性格になりました」

†抑圧のなかで感情を殺す

雅彦さんの父親は、戦地で患ったマラリアがもとで亡くなっている。イエ制度が大きく人々の生活を規定していた一九五〇年代に農村地域で農家の子どもとして幼少期を過ごした。周囲には親族がいて、孤立した母子ではなかった。だが、夫のいない農家の嫁として、母はいつも小さくなっていた。雅彦さんの人格形成のその裏側には、戦争で病を得て亡くなった父と、夫がおらずに苦労した母と、その母に育てられた小さな男の子の姿がある。

朝、登校する時も誰もこの男の子に声をかけなかった。どれほどの孤独だったろうか。そこには父親のいない母子への差別はなかったか。

父親がいない「恥ずかしさ」をぬぐうことが、母と息子の悲願だったのではないだろうか。だから、息子は貧しい中でも必死に学び、東京の私立大学の法学部に進学する。母は嫁を用意して、役割を果たす。そのようにして、過去から脱出していくはずだった。都会で出会った「先生」をモデルに、振る舞いを身につけていく。だが感情を解き放つことは学べなかった。

抑圧のなかで生き延びようとする意志は、自然な感情の一部を抑圧する。見ないことで通過しようとする。それが、他者との出会いを不十分なものにする。時には、残念ながら、新たな差別の温床になる。他人の痛みを理解していても、目を閉じて、大きな流れに身を任せるからだ。主体的、批判的に生きることは難しくなる。

†ＤＶの父親、情緒不安の母親

二〇〇一年当時の取材で気がついたことは、雅彦さんに限らず、ひきこもりの子どもを抱える親世代に戦争の影が見え隠れすることだ。

例えば、当時三三歳だった寺山勇気さん（仮名）は、一九六八年生まれ。父は兵役を体験しており、戦争から帰ってしばらくは寝たきりだった。父親はその後、定時制高校に行き、夜間大学で学んだ。卒業後、公務員になり、結婚したのは四〇歳を過ぎていた。勇気さんは四四歳の時の子どもだ。母は専業主婦だった。父は五五歳で退職し、自営業を営んだ。仕事は成功し、家庭は裕福だった。

勇気さんにお会いしたのは、都内で開かれたひきこもりに関する勉強会だった。帽子を目深にかぶり、透き通るような白い肌が印象的だった。この勉強会は定期的に開かれており、勇気さんは常連だということだった。

勇気さんは保育園時代から周囲との違和感を感じて育ったという。インタビュー当時の家庭は落ち着いているということだったが、幼い時には父から母へのＤＶが繰り返されていたと語った。一人息子である勇気さんの育て方を巡って言い争いがあり、その挙句、いつも母が殴られた。父は外では人当たりがよかったが、家庭の中では感情をむき出しにした。

小学校時代の成績は中程度だったが、子どもが優秀であることは、両親の共通の悲願だった。

勇気さんは、諍いが始まったとき、もうけんかはやめてと言ってみたことがある。「お前のためにけんかをするのだ」と父は答えた。母親が殴られるのは自分がしっかり勉強をしないせいだと考えた。自分がいないほうが、家はうまくいくのだと感じていた。

勇気さんはクラスの優秀な子どもたちのグループに入って欲しいという母親の強い気持ちを感じていた。学校での緊張が強く、当時、言葉を自由に発することができなかったという。家に帰るとぐったりとして、勉強どころではなかった。それなのに、学校から帰ると母は待ち構えていて、隣に座って宿題をやらせた。時間通りに進むように時計で計った。母は情緒が不安定で、どのような時にどのような感情が噴き出すのか、予測がつかなかった。いつも両親の顔色を見ていた。

†「イエの記憶」を宿しつつ個人化する子育て

父が公務員を退職して自営業を始めるために引っ越したのは小学校高学年のときだ。その時から休みがちになった。中学時代、校内暴力と教員の高圧的な雰囲気をやり過ごし、歯をくいしばるようにして勉強して、高校は進学校に進んだ。だが、二ヵ月目から登校できなくなった。二十代になって大学入学資格検定試験を受け、二六歳で大学に入学した。私立の経済学部だった。大学時代は、同じようにひきこもりを体験している仲間と出会い、思いを共有し合った。大学を五年かけて卒業したが、就職はできなかった。

私が勇気さんにお話を聞いたのはそんな時期だった。

インタビューで勇気さんは、父は戦争で体を壊したのにもかかわらず、戦地の体験は口にしなかったと語った。父の暴力がそれと関係があるのかわからない。だが、若い時期の時間を奪われた体験はその後の性格や振る舞いに大きな影響を与えたはずだ。

第二次世界大戦で、軍人民間人を問わず、全世界で被害者数は五〇〇〇万人とも八〇〇〇万人とも言われる。日本人は二六二万人から三一二万人という数字がある、それは日本の総人口の四〜五パーセントに及ぶ。

戦後、戦地に行った若い男性たちは、奪われたはずの人生を再度組み立てようとする。同じ世代の女性たちは、配偶者を持てず、一生独身で過ごす人たちもいた。結婚が可能になった若い女性たちは、子どもを産み育て、新しい時代を作ろうとしたのではないか。そうした、失ったものを取り戻そうとするかのような人の思いのうねりが、戦後のある時期の日本には満ちていたのではないか。

息子は自分たちの思い通りになるものであり、何としても社会の上位に入って欲しいと願うことも、本人たちの意識では「愛情」だったのだろう。

子育ては「イエ」の記憶を残しつつ、個人化していく。

†不満だらけの結婚生活

そして、個人化した子育ては、やがて高度経済成長下、父が仕事に没頭する中で、母に全面的に託されるようになる。

二〇〇一年に取材した母親のなかに、東京近郊の農家出身者がいた。山本節子（仮名）さん、この時五五歳。一九四六年、敗戦の翌年の生まれだ。当時、二六歳（一九七四年生まれ）の息子の健一（仮名）さんが大学を中退してひきこもっていた。夫の達也（仮名）

さんは五歳年上（一九四一年生まれ）、もうすぐ定年を迎えるという時期だった。三〇歳になる長女と四人で暮らしていた。

節子さんは、幼い頃、両親は農作業に忙しく、あまり手をかけてもらえなかった。畑に出ている親の代わりに、食事を作り、雨が降れば言われなくても庭に干してある籾を片づけた。幼い時から労働力だった。そのことを節子さんは嫌っていた。

高校卒業前に父親が亡くなった。就職先は、地元に進出してきた大手メーカーで事務職だった。節子さんの夢は農家を抜け出して、サラリーマンの妻になることだった。周囲の価値観がそうだから、そういうものだと思っていたと、節子さんは言った。

入社後何人か、同僚の高卒男性からプロポーズされた。だが、高卒では生涯ブルーカラーだ。大卒のホワイトカラーの男性と結婚したいという気持ちは強かった。職場でダンスパーティがあった日、ホワイトカラーの上司の家に泊めてもらった。キラキラ輝くような生活に見えた。

結婚は一九六八年。高度経済成長の真っ只中だった。きっかけは、しばしば通勤バスで一緒になる男性に息子の嫁にならないかと声を掛けられたことだ。夫となった達也さんの父親だった。

聞けば息子は、地元メーカーの事務職で東京の名の知れた私立大学をでているという。結婚相手として人柄よりも、学歴に強く惹かれた。

結婚後は、仕事を辞め、達也さんの両親や兄弟と同居した。同居そのものは当たり前のこととして受け止めた。だが、生活を始めてみると不満が噴出した。朝食に卵を達也さんは一つ。自分は義妹と一つを分け合って食べる。実家では、飼っている鶏が産む卵を丸ごと一つ食べることができた。長女が生まれると、姑は子どものお風呂の水道代さえケチった。現金はなくても食べ物が潤沢な農家の生活に慣れていた節子さんには、耐えられなかった。

†「いい子」だった長男が大学でひきこもる

一九七四年、二人目の健一さんが生まれてからは、義母の締め付けはさらにきつくなった。とうとう、実家の土地に家を建てさせてもらい、夫の両親とは別居した。夫にはついてきてもいいし、別れてもいいと伝えた。夫も一緒に家を出た。

その後、節子さんは息子が幼稚園に上がる前から、英才教室に通わせ、ゲームやパズルをやらせた。教室は人気で定員オーバーだったが、先生が育ててみたいと言うほど健一さんは利発だった。

実は長女はおっとりしていた。それが気になり、小学校に入るまで、何度も手を上げて叱りつけた。弟の健一さんはその姉を見ているせいか、節子さんを怒らせることはなかった。

節子さんはさらに小学校に上がる前から健一さんに水泳教室、体操教室、少林寺拳法、書道、ペン習字と次々に習わせた。健一さんが少し大きくなると、習い事のお金を作るために、パートに出た。

健一さんは、友達関係も学校の成績も申し分がなかった。先生だけでなく、同級生の母親たちからも、「いい子」という評判を得ていた。

夫は当初、習い事をさせすぎではないかと意見を言った。だが、節子さんは「これからの社会は、ちゃんとした大学を出て、いいところに勤めないと生きていけない」と言い切った。すると以後、夫は何も言わなくなった。子育てに関わろうとはせず、仕事と趣味に時間を費やすようになった。夫の会社はやがて一部上場を果たした。ポストを得て、収入もあがった。

実は、節子さんが、健一さんにたくさんの習い事をさせたのは不安感からだ。実兄が精神的な障害を負っていたのだ。実家は農業と貸家とで生活をしていた。人並みには働けない兄だったが、農作業でも家作の修理でも、その力に見合った仕事はいくらでもあった。実家にいれば、生活に困ることはなかった。

だが、サラリーマン生活を知る節子さんは、兄が就職して働くことは難しいと知っていた。万が一、健一さんが兄のようになってしまっては困る。不安は、過剰な防御を呼ぶ。社会に適応できるよう、必要な力をつけさせたかった。

時代は急激に変化していた。ヨーロッパでは数百年の時間を経て起きた近代化が日本ではほぼ、一世代三〇年で進められていく。親子は適応を求められた。しかも、それは「家庭」という密室の中で、母親により責任を負わされていた。繰り返すが、母親が子育ての大半に責任をとるべきだとする社会の出現は、人間の歴史で初めてのことだった。いってみれば、節子さんは家族が「封建制度」から「近代化」される過程を生きていた。

節子さんは、息子の健一さんには、社会に出るのだから十分に勉強を頑張って欲しいと思っていた。一方、長女に対しては人並みに勉強についていければいいと考えていた。親の期待の強さが違ったせいだろうか、娘は泣いたり怒ったり、感情をよく出した。ところが、息子は感情をあまり出さなかった。節子さんはその様子を見て、順調に育っているのだと思っていた。

健一さんは中学時代まで、成績は学年トップだった。中学時代も節子さんは学習をするようにと熱心に導いた。だが、高校進学の時、地域の最難関の高校受験に失敗してしまう。高校時代はほとんど勉強をしなかった。節子さん自身も息子の学習結果に意欲を失った。自分がやるべき役割は果たしたという気持ちだったという。

三年生のときには大学受験さえしなかった。だが、浪人後、受験勉強で成績を上げると、翌年は有名私立大学に合格した。

一九九三年、入学式に出席した。バブル崩壊期だった。

入学式には、両親もともに出席したが、節子さんによれば、息子の健一さんは周囲を見回し、自分が身につけていたスーツをしきりに気にしていたという。それまで、なかった行動だったと節子さんは振り返る。健一さんは、周囲と自分を見比べ、自分を劣ったものと感じていたのではないか。

二カ月通って、学校に行けなくなり、二年に進級できずに退学した。

†「親の会」が転機に

健一さんがひきこもってからは、節子さんは持ち前のリサーチ力を生かした。テレビや雑誌でひきこもりを特集していれば、できるかぎりそこで紹介された医者や民間機関、カウンセラーに連絡をとった。本人の意欲や意志を高めるために、食事は本人が望むものを出すといいと聞くと、夫と息子、それぞれ別の食事を用意した。夫の家族参加が大切だと言われると、夫をひきこもりの家族の会に行かせた。父親がきちんと父親の役割を果たすことが大切だと聞くと、夫にもっと息子と話し合ってほしいと頼んだ。父親の達也さんはその言葉を受けて、「自分は親に大学を出してもらって感謝をしている。お前も頑張ったらどうか」と話しかけた。その直後から、健一さんは達也さんと一切口をきかなくなった。

節子さんは、友人や自分の兄弟には健一さんのひきこもりについては話さなかった。「恥ずかしいこと」だった。老いた実母にだけ、自分の苦しみを話した。

だが、次第にひきこもりの親の会に参加するなかで、同じような子ども・若者たちが大勢いることを知った。

当時、節子さんはこんなふうに話している。

「親の会では、素の姿で話ができる。私には、家族以外に素の自分で話す体験はほとんどありませんでした。毎日子どもと過ごしていると、こんな母親は私だけではないかと思ってしまう。でも、もっとすごい状態の子どもを抱えている母親もいました。赤ちゃん返りを起こして、寝たきりになり、おむつを当てて、一匙、一匙食べさせていたり。風呂に年に何度かしか入らなかったり。

健一は食事のときには階下に降りてくるし、風呂にも入る。嫌なことは嫌という。ああ、まだ、良かったと思いました」

ものを見る目が変わった。

「前はいい家に住みたい、家の中をきれいにしておきたいと思うくらいで、自分というものがなかった。人がそんなふうに生活をしていると聞くと、すぐに、自分もそうしなければと思った。今は、人の話を聞いても、自分はこれでいいのだと思える。それは良かったと思う」

†核家族の中に子どもの逃げ場はない

ところで私は当時、節子さんの夫の達也さんにも話を聞いている。

達也さんの父親は中学校しか出ておらず、達也さんが就職した会社の工場に勤務していた。

達也さんの母親は、夫に学歴がないため、内職をしてでも子どもを大学に行かせたいと言った。長男である達也さんは、その母の願いを叶えるために、五人兄弟でただ一人大学を出た。

「母親は自分を愛してくれたと思う。だが、キツい人だった。父の家での立場は弱く、あまり口をきかなかった」

と達也さんは話している。子ども時代から青年時代にかけて、母親の願いを叶えるという思いで生きてきた。

仕事は父親の上司が紹介してくれた。当時は小さな会社だったが、その後日本社会の経済成長の波に乗り、三〇歳の頃に二部上場、四十代半ばで一部上場と成長した。妻との結婚は既に書いたように、父親がお膳立てをしてくれた。

結婚するのは当然のことであり、夫婦は役割分業である。この意識、つまり、そうした人生の「規範」と、現実的な経済成長による収入の増加がこの家族を生み出した。仕事もパートナーも「個人的な評価」によって獲得するべきだとされる現代とは異文化だ。

ひきこもり当事者の父親が人生をスタートさせた当時は、人生を全うするためには他者から選抜されなければならず、そのために必死になるという現代社会の若者が経験するようなおびえや苦しみはなかった。

達也さんにとって、妻との結婚を決めた最終的なポイントは、自身の年齢だった。三〇歳を過ぎる前に結婚しなければならないという思いが強かった。妻が我が子に過剰に習い事をさせていたときには、声はかけたものの、強く反対はしなかった。子どもの人格や育ちに真剣に向き合ったとはいえない。男女の役割分担という時代の価値観をこの夫婦はいち早く内面化し、そのルールを生きていた。

当初は激しい夫婦喧嘩もあったが、達也さんはある時期から節子さんが怒り出したら黙ることを覚えた。そして、時間と気持ちは趣味に振り向けた。

ところで、達也さんから話をきくなかで、息子の健一さんがひきこもらざるを得なくなった理由が別にあったのではないかと思うようになった。

実は、健一さんが幼い時期から、家庭の外に恋人がいたのだ。達也さんは、この女性とは「人生の話ができた」と言う。だが、健一さんが大学に進学した頃、別れている。恋人のことは、妻は知らなかったが、幼い健一さんは知っていた。

「大学に通えなくなってから、健一は妻に「小さい時、お父さんがよく家に帰ってこないことがあったでしょ。あれは、女だよ」と言ったそうです。そう、妻が私に言いました。妻は息子のこの言葉を信じてはいませんでした」

健一さんは、幼い時から家族の中で大きな責任を負わされていたのではないか。利発な男の子は父の浮気に気づき、母にも姉にも告げなかった。告げれば、家庭が崩壊の危機に瀕し、大きく揺らぐ。

核家族の中では子どもたちは、逃げ場がない。そして、健一さんは幼い時に、両親への不信を知る。他者への確かな信頼を学べなかった。習い事をそつなくこなし、学校では良い成績をとり続けた。それは両親の共通の願いだった。自分の持てる力を精一杯使って家族をまとめるために、大きなエネルギーを使っていたとはいえないだろうか。

これはあくまでも憶測に過ぎないが、父親が恋人と別れたとき、健一さんの家庭を維持するという役割は終わったと感じたのではないだろうか。そして、動けなくなった。

だが、本来、子どもは、周囲の大人に守られて成長する権利がある。守られ、安心して、自分自身の願いを形にしていくことが成長であるはずだ。

一方、男たちも愛情を必要とする。だが、達也さんは、それは家庭では得られなかった。家族で愛情を作り出す方法を知らなかったとも言える。

達也さんの人生の規範は、五人兄弟のなかで、せめて一人は大学に行き、出世をしてほしいという母親の願いを実現することだった。その基盤には、達也さんの母の、その夫、つまり父への不満があった。達也さんは大人になっても母親を相対化する視点はない。いつまでも母の言いつけを守る、「子ども」であった。

抱え込んだ不全感や願いが次世代を縛る。

家業や資産を伝えることをやめてしまった家族とは、今や願いや規範や思いを次世代につなげる装置なのだろうか。

達也さんは父親の会では辛い思いを話せる。でも、それ以外で息子の話はしないと言う。

「一生、息子と話ができないかもしれない。そう思うと寂しいです」

当時、達也さんはそう、私に語っている。その後、父子の関係は回復したのだろうか。

第三章

私の中のひきこもり——内在的に問う

†なぜ、私はひきこもりに引きつけられたのか?

二〇〇一年から二〇一四年まで、ひきこもりの人たちを折々に取材してきた。本人、親たちから話を聞き、支援者や医師などに取材をした。このテーマに引きつけられたのは、私自身がひきこもりの人たちが抱える感覚をもっていたからだ。

具体的には、私が関わって何か不都合なことが起きると、反射的に私自身が悪いと考えた。自分を責める。次は失敗しないようにと、克己の思いを抱く。昔、仕事仲間の女性に「あなたは精神のボディビルダーのよう」と言われたことがある。失敗はすぐに修正しなければ気が済まなかった。強迫的な完璧主義はひきこもる人たちの特質の一つだ。

二〇〇一年、取材対象者から私はこのように言われている。

「杉山さんの言葉には評価が入っている。人を切ったり、裂いたり、責めたり、レッテルを貼っている。評価しないとその先に行けないという感じがある。でも、人からの評価を感じる時に、人は苛立ちや不安を感じるものではないでしょうか」

この言葉を発したのは、仕事でアルコール依存の労働者福祉に関わり、私人としては自身の子どもの不登校に向き合い、活動してきた人だ。この時私自身が、どのような問いを口にしたのかメモはない。おそらく、不登校やひきこもりはどのように解決したらいいのか、将来は社会にもどれるのだろうか、私たちはその人たちに何ができるのだろうか、というような内容だったと思う。

取材の冒頭で、厳しい言葉を投げかけられたが、その後長時間、彼自身の体験や出会った人たちのことを次々に語ってくれた。例えばこんなことを言った。

「息子が登校拒否になったとき、職場にも親族にも知られたくなかった。だが、ある時、俺は自分が息子の命より学校を大事にしていると気がついた。俺は学校とこの子とどっちが大事なんだろうと思った。そのときに、やはり子どもだなと思った。そうしたら、憑き物が落ちたように学校が霞んだ」

「子どもがひきこもって、自分が嫌だったら、私は逃げますよ。それが皆できなくて、よりいい選択は何かとばかり考えている。外側からこういうことがいいんじゃないかということばかり考える」

「ある母親は、ひきこもっている息子を殺すか自分が死ぬかというときに、子どもを置いて逃げることができた、それは生命力だ。息子は、自力で近所の人や親の友達に連絡を取った。そのうち病院に行ったり、自分なりに考えたりし始めた」

彼はひきこもることも、不登校も、命がけのクリエーション（創造）だと言った。私は二〇〇一年当時、どこまで彼の言葉を理解できたのかわからない。ただ、ひきこもった我が子から手を引くことで、その当事者の命を助けることがあるという彼の言葉は、その後、長い間胸に残った。

†私の価値観はどこからきたのか

それにしても、なぜ、私はこのような、「精神のボディビルダー」のようで、「人を評価しないと先に行けない」という価値観＝規範を身につけたのだろう。私の価値観は、まず原家族からもらった。それから、社会に怯えるような気持ちは、中学時代に体験したいじめが影響している。

私は夫婦仲が良くない家庭に育った。その背景には、その親の世代から引き受けた「規範」がある。両親はそれぞれ二代目の無教会主義のキリスト教徒で、我が家には「神様の御用」という決まり文句があった。

私は、長い間、父は仕事をすることで「神様の御用」を果たしているのだと思っていた。その父の日常を母が整えていた。私は、夫婦とはそういうものだと思っていた。

振り返ってみると、父が母を心底労っている姿を見た記憶がない。私は長女として母親の味方をする役割を引き受けてきた。母の父への愚痴を聞き、父への憎しみを肯定する役割を負っていった。そして、子どもたちの成果は母の成績だった。

私はひきこもりや児童虐待の取材を続けるなかで、次第に、そんなふうに自分の姿を理解するようになった。

†祖父の物語

私の父の父Yは、つまり祖父は一九〇一年（明治三四年）三月一七日に長野県木曽上松に生まれた。どのような事情かわからないが、嫡子ではない。父親違いの兄弟が家を継いだ。母と私たち四人の兄妹が父からそのことを知らされたのは、私が五十代になってからだ。Yは祖父N夫婦に育てられた。Nは岐阜出身で、明治維新で武士の身分を失い、木曽の御用林を管理する官吏になるために上松にきた。その仕事も長くは続かず、代書屋などをして倹しく暮らした。

幼いYを可愛がり、膝に抱いては、自分自身が明治維新の混乱で失った豊かな生活を話して聞かせたという。祖父のYは高等小学校を卒業後、数カ月間、代用教員をした後、東京に出て帝国大学の研究科で林業を学んだ。日曜日には内村鑑三が主宰するキリスト教の無教会主義の研究会に参加し、信徒になった。Yは幼い頃の祖父Nへの信頼と、神への信頼とを重ねていた。NはYが二〇歳のときに亡くなった。

卒業後、Yは木曽に戻り、木曽の山林学校の教師になった。木曽にも無教会主義のキリスト教徒の集まりがあり、そこで地元の小学校の教員をしていた私の祖母Eに出会い、恋愛結婚した。キリスト教は、不遇な若者に自分も価値ある者だと思わせる力があった。祖父母は「信仰」を価値とする新しい「イエ」を作り、二人の子どもを得た。私の父R(一九二八年生まれ)とその三歳離れた姉のOだ。

ところが、祖父は二五歳で結核に罹って実家に戻ってキリスト教を支えに七年間闘病して亡くなった。極貧の生活を信仰仲間が支えた。聖書や無教会主義の指導者の本を読み、その喜びを日記に書き残した。若いYの生涯は信仰のコミュニティで評価を受けた。Yの死後、信仰仲間が日記や随筆を一冊の本として刊行した。その本には、無教会主義の信徒で、日本の植民地主義を批判して東大教授を辞任した矢内原忠雄や、著名な伝道者、黒崎幸吉らが手紙を寄せている。

その祖父への評価が「杉山のイエ」の規範を定めたようなところがある。祖母Eは小学校の教員をして、幼い二人の子どもを育てた。子どもたちの世話は、祖母Eの母親が担った。父の「イエ」は、教育で立身出世を目指す教育家族になった。

†父と母の物語

父が一三歳のときに太平洋戦争に突入する。兵隊になりたいと思ったこともあったそうだが、地元の中学から旧制高校に進学した。一七歳で終戦を迎え、その後、上京して新制大学になった東京大学農学部に入り、無教会主義の集会に通った。卒業後、農林省(当時)に研究職で就職した。

父は、母親の、亡き夫の生み出した価値をなぞるように生きて欲しいという願いに従った。

私の母Tは一九二七年に東京で生まれた。母の父Mは食品の香料を作る工場を経営しており、その妻Iも家業の工場で働いていた。夫婦で無教会主義のキリスト教徒だった。一〇人の子どもがおり、母は二番目で次女だった。子どもの面倒は父方の祖母とお手伝いさんがみていた。母は私に、長女の姉と長男で跡取りの弟との間で、祖母から差別的に扱われたと繰り返し話している。現在の考え方では、兄弟の中で差をつけて扱われることは、心理的虐待とされる。母の、受け身の姿勢は、「差別的に扱われた」子ども時代に起因しているのかもしれない。母は、両親のキリスト教を素直に受け取った。

祖父Mは戦争中、長野県に工場と家族を疎開させた。女学生だった母は一七歳で空襲を体験し、家族の疎開先に移っている。戦後、祖父は東京に戻り香料の事業を続けるかたわら、疎開先だった村で農場を開き、地元の農業発展に関わった。ティーンだった母は、両親が東京に戻った後も長野県に残り、妹たちの食事を作り、父の計画を支えて農地を耕した。

その後、村の農家の子どもたちが、繁忙期に放置されていることに問題意識をもち、東京の専門学校で保母の資格を取った。長野県に戻りMの経済的援助を受けて保育園を作った。一、二年ほど運営した頃、父と出会う。

Mが計画した、村の青年を対象にした農業実習と伝道とを合わせた集会に、父が講師としてきたのだ。母は自分の母親のIに勧められて父との結婚を決めた。母は二七歳で、婚期を逃しかけていた。母によれば、父との結婚が決まって、父の母Eに会った時、嫁として歓迎されなかったという。「私が帰った後、おばあちゃんはあの娘は頭が弱いんじゃないかといったそうよ」と母は繰り返し私に話した。

「立派なクリスチャン」として亡くなった夫の存在が祖母の誇りを支え、息子にもっとふさわしい女性がいると考えたのか。父は「立派なクリスチャン」で社会的なエリートとなるよう、母親から望まれていた。母は「立派なクリスチャン」で社会的なエリートの妻として生きるよう、母のIからメッセージを受け取っている。

もっとも、二人がそれぞれの親から受け取った宗教的な質は違っていたのかもしれない。亡くなった父への尊敬が核となる観念に傾きがちな信仰と、実父の実業の中での信仰と。

†転勤族のサラリーマン家族に生まれた私

神奈川県を皮切りに始まった両親の新しい家庭では、父の信仰のあり方が規範となった。父は母の父親Mの信仰を批判し、夫婦は早くから不仲だった。

いずれにしろ、父も母もそれぞれ親の願いや思い＝「価値観」を引き継ぎ、転勤族のサラリーマン家庭を作った。家業や資産といった具体的なものは引き継がなかった。

転勤族には、過去からつながるコミュニティがない。

一九五六年、両親はそれぞれ二八歳の時に兄Kを、その二年後に私を産んでいる。さらに、三八歳で双子の妹たちを産んだ。

母は保育の専門学校で、アメリカ人の教師から新しい育児法を学んだ。それを私たち兄弟の育児に生かそうとした。「親に従順」な母は、努力の人でもあった。晩年父は、母が子どもたちを父に抱かせないようにしたと話している。その席にいた母もその父の言葉に反論しなかった。母は一人で最新の育児と教育を実践しようとしたのか。周囲に親族はおらず、誰も母の育児を妨げなかった。

もっとも幼い頃、私は父に可愛がられた記憶もある。父が公務員のエンジニアだった当時、家族揃っての夕食の後、いつも父の膝に乗った。私が八歳のときに双子の妹たちが生まれたが、その直後、私は盲腸炎で入院した。この時は父が手術に立ち会い、数日の入院中は、毎夕、職場から自転車で駆けつけてきた。私は田舎の小さな病院のベッドの中で、窓の外から父の自転車のブレーキの高い音が響くのを待っていた。

父はこの少し前、母に研究を手伝わせて論文を書き、農学博士号を取得している。聖書について文章を書き、それを母がガリ版に切って、謄写版印刷で小冊子にして友人、知人に送っていた。いつも、母は父を助ける役回りだった。この頃が、両親ともに結婚を肯定的に捉え、未来を夢見ていた時期かもしれない。

†「母を幸せにする」という使命

ところで、長女の私は、幼い時から母の愚痴や夢、理想の聞き役だった。料理をお客さんに褒められた。若い時には、絵本のコンクールに応募して、今、活躍している絵本作家よりも良い評価をもらった等々。幼い時、祖母から差別的に扱われた。男の兄弟は大学に行けたのに、自分は専門学校だった。だからあなたには思い切り勉強をさせてあげる。さらに、父との結婚は不幸だったが、ハネムーンベービーでK（兄）を妊娠したので離婚できなかった。でも、あなたたちが生まれたのだから、それで良かったのよ、と。

私は、孤独な母の心のスクリーンのようだった。

私は母の思いを聞くことは、娘として当然のことと思って育った。だが、改めて考えてみれば、私は日常的な気持ちや出来事は夫に語る。社会的なことを話せる、友人たちや仕事仲間もいる。幼い息子は守るもので、語りかける話題は選んだ。

私は良い成績をとって良い大学に行き、母を幸せにするという使命を無意識のうちに担った。

二〇〇一年の取材で言われた「杉山さんの言葉は人を切ったり、裂いたり、責めたり、レッテルを貼ったりしている」という性質は、私の家庭の中に漂っていた。

小学校五年の秋、父の転勤で長野県から福島県に移る。この時、私は肺浸潤を病んで学校を長期欠席した。中学に入っても体育を休み、放課後の補習授業にはでなかった。それでも成績は悪くはなかった。そのことが自尊心を支えた。

そんな時期に、クラスの女子集団に呼び出され「あなたは、クラス中から嫌われている」と言われた。その日を境に、世界が違って見えるようになった。当時、学校生活で「いじめ」という言葉はなかったが、不用意に自分の意見を言わないようになった。しばらくして、この時の女子集団のリーダーの両親が離婚したことを知った。

私の高校進学時、家族は福島県から三重県に移る。博士号を得た父は、国立大学の研究職のポストを狙ったが得られなかった。請われて、小さな無教会主義の農業高校の校長になった。父方の祖母Eが亡くなり、その願いを汲んで出世をしなくてもよくなったとも聞かされた。兄は、福島県の高校に通うため一人で残り、その後、東京の芸術系の大学に進学した。

父は四五歳で「神様の御用」のために、研究よりも教育を選んだ。父なりの野心だったのだと思う。だが、教員の仕事は父に向かなかった。父は、人に配慮する経験に乏しかった。生徒たちや教員たちに受けいれられなかった。

転職後、父の収入は下がった。他の教員家族と一緒に、私たちは学校の敷地内に住んだ。学校の食堂の賄いを手伝っていた母に、父の悪口が頻繁に聞こえてきた。当初母は高校生の私に、父や父の同僚、その家族の悪口を言い募った。私が母の悪口を拒絶すると、小学校の低学年だった妹たちに話した。私はそのことを五十代になるまで知らなかった。

私は、母は父の被害者だと思っていた。だが、妹たちは母が父をいじめていると感じていたそうだ。妹たち以上に、私は母と一体化していたことになる。

†母の理想を生きようとしていた学生時代

私の高校は進学校だった。少しでも偏差値ランクの高い大学に行くのは当然だった。高校三年で志望した国立一期の大学に落ち、二期校には合格した。私はランクが上の大学を目指して浪人した。両親は積極的に浪人を勧めた。両親にとって、子どもたちが名のある大学に行くことは、善だった。収入が減ったなかで、予備校の学費と交通費は大きな負担だったはずだ。二年目の受験で両親も自分も満足するランクの大学に合格した。

大学では、大教室での授業は退屈で、勉強はしなかった。クラスメイトや部活仲間の集団のなかで自己表現することは極端にできなかった。「神様の御用」を果たすという価値観もまた、自分のなかにあった。その宗教意識が、友への違和感となっているのだと、当時は思っていた。

将来を自分で切り開いていくという感覚はなかった。イメージしていたのは、夫になる男性に出会い、彼の社会的な地位や評価が私の未来を作り、私は家事と育児を引き受け、その上で芸術的に自己実現をして、いくばくかの思い通りになるお金を稼ぐというものだった。それは母自身が思い描いていた理想の結婚のようにも思う。

私は大学時代から長い間、恋愛依存だった。「寂しい」気持ちがいつもあった。切れ目なく恋人もどきがいて、関係は長く続かなかった。男性が離れていきそうになると、切迫感に襲われた。のちにストーカーという言葉が社会に広がった時、私はこの人たちの感覚がわかると思った。

二十代半ばになって、激しく相手の男性から拒絶されたとき、自分の中にヒリヒリとするような小さな自我の芽がむき出しにあることに気づいた。その頼りないものを育てていけばいいのだとその時思った。同時に、他の人たちはこれほど楽に生きているのかと、解放感をもったことを思い出す。

私が大学三年になる年に、父は高校を辞めた。国から派遣されブラジルの農業研究所に行った。中学一年の双子の妹たちと母が付いて行った。大学三年の春休みに両親と妹が暮らす家を訪ねた。友人たちから遠ざかることで、周りを見回してから発言する習慣から自由になった。大学でイタリア語を学んでいたので、文法と単語が似ているポルトガル語で簡単な会話ができた。自分が感じたことをそのまま言葉にすると、率直な答えが返ってくる。人と会話をするのはこんなに楽しいのかと思った。

母と妹たちは、二年間ブラジルで過ごした後、三年生の秋に高校進学のために日本に戻って、兄と私と一緒に暮らした。父はさらに二年間、アルゼンチンの研究所で働くことになった。

二人の妹は新しい中学でそれぞれ激しいいじめにあった。成績がよすぎたからだと母は言った。妹たちは、髪が縮れていることを露骨に笑われ、毎朝長時間、髪をセットしてから登校した。母は、妹たちを激しく叱った。母は娘たちがおしゃれをすることを嫌った。

高校進学後、妹の一人が学校に行きにくくなった。毎朝、身なりを整えるのに時間をかけるうちに動けなくなる。毎朝のように、妹を怒鳴りつける母の声が響いた。それでも妹たちは、それぞれ名のある大学に進学した。

母には子どもたちに、芸術的な分野で力を発揮してほしいという願いがあったように思う。兄は音楽家になり、私は書き手になり、妹の一人は建築家になり、もう一人は翻訳家になった。だが、四人四様に社会に対して自信がなく、不全感を抱えている。妹たちが社会に居場所を見つけにくかった時期は長い。

†海外体験と職業選択

私は大学を卒業する時点で、伝《つて》で、ある学会の事務局に就職をした。仕事は単調で、終業時間がくるのをひたすら待った。もう一度外国へ行って、自分が何を感じているのか確かめたいという思いが消えなかった。

働き始めて一年半後、一九八二年に退職してイタリアのフィレンツェに行った。大学時代に習っていた声楽とイタリア語の勉強を続けるという名目だった。郊外にある七三歳になるシニョーラ・アンナという女性のマンションの一室に下宿した。彼女は退役軍人だった夫を亡くしていて、日本に興味があると言った。経済的に安定した、美しい人だった。彼女は私のたどたどしいイタリア語を楽しみ、よく冗談を言った。食事は作らないという約束だったが、私のために朝食を用意し、イタリアのお菓子を焼き、私の好物だとわかるとオリーブの酢漬けを買っておいてくれた。家族の集まりにもよく誘われた。何の見返りもなく、ただ、思いをかけてくれた。心の中に柔らかな温かさを感じた。それまで感じたことがない感覚だった。

私はイタリア国内を旅行中、イラン人の大学生にナンパされた。当時のイタリアには、イラン革命やイラン・イラク戦争を避け、一族で出国している人たちが生活していた。彼も一族の若者同士で出国し、公立大学で医学を学びながら、エレベーターの点検係のアルバイトをしていた。大学を卒業して、インターンが終わったら、国に戻り医者として仕事をする。世界から孤立した母国に、新しい医療技術を伝えたいと言った。彼のアパートに泊まり、宗教について議論した。「どのような神であれ、宗教を持つことはいいことだ」と彼は言った。小さい時から神の存在を意識していた私は、長年の心のあり方を肯定してもらった気がした。

私はそれから九年ほど、働きながら、このイラン人の男性やシニョーラ・アンナに会うために時々イタリアに通った。彼は医者になってしばらくすると、イランに帰った。

一九八三年、私は最初の半年のイタリア滞在を終えると、日本に戻り、雑誌の編集とライターの仕事をアルバイトで始めた。時代はバブルに向かう時期だった。同時にオペラ団の研修所に参加した。歌を歌うことと、ライターの二つを同時に体験した。

歌の研修所の集団レッスンや、学校回りの小さな舞台で、私は自分自身の声と体で伝えることを学んだ。芝居の練習を通じて、競争ではない人と人との繋がり合いを体感した。編集やライターの仕事は面白かった。作ったのは語学教材の購入者のための会報誌で、自社広告が掲載されていれば、記事の内容は比較的自由だった。仕事仲間と企画を立てて記事を書く。取材による発見を書き、掲載すると、読者から明確な反応があった。自分の感覚や思いを人と共有できることが新鮮だった。

最終的に歌よりもフリーランスの編集とライターの仕事を選んだ時、二九歳になっていた。その方が、経済的に安定した。書くことで自分と世界の関係を理解できるという感触があった。

†母親との共依存

同じ時期、両親が信仰していた「無教会主義」ではなく、日本最大のプロテスタント集団である日本基督教団の教会で洗礼を受けた。体の外側を固めるだけでは、中身が砂粒になって、流れてしまうというリアルな体感があった。

教会で、歌と少女漫画が好きな会社員である夫と出会い、三十代半ばで夫婦になった。籍は入れなかった。

三八歳で、六年かけて取材した一冊目の著書、『満州女塾』（新潮社　一九九六年）を出版した。その見本本は、息子を出産した産院に届いた。

その後、母に育児を手伝ってもらい、私はライターの仕事を続けた。

父は国外での仕事を終えると、友人の紹介で、キリスト教系の短大に職を得、園芸を一四年間教えて七〇歳で退職した。その後は、短大の仕事で縁ができたタイの農場を運営することになり、家族とは別れてタイの農場内のあばら家に住んだ。有機農業を指導すると言い、タイ人青年と一緒に農作業を続けた。親切で勤勉な青年で、家族であれば、怒りがわくような身勝手な父の願いに、辛抱強く付き合った。

現在、青年は、この農場の運営を引き継ぎ、タイの市場化の波に乗り、地域で有機農業を広めることに成功している。

父の短大の退職時、母は私に相談をしないまま、私たちが暮らす町に越してきた。緑が豊かだからというのが理由だった。私は、母の本音は病を得た妹たちの世話と自分たちの老後の世話を私に託していると感じた。母は一言もそう言わなかった。ただ、私も、母が近くにいれば息子の子育てにも役立つと感じていた。仕事を続けられる。母たちの家の裏に売り出された建売の小さな家を買った。

母と私の共依存が強まった。共依存とは、お互いがお互いの関係性に頼り、自分の存在を成り立たせる関係だ。母は私が家庭を持ち、その一方で本を書いていることを喜んだ。生真面目な母は、私に細心の配慮をした。生活は母の日常に近い形になる。母が使っている生協を使い、おもちゃや本の買い与え方など、母の「創造的な育児」を真似た。私にママ友はいなかった。

†父親と母親との懸隔

父は一二年間、日本とタイを行き来した。「神様の御用」のためにタイで農場を開いていると父も私たちも考えていた。だが、見方を変えれば家族との折り合いが悪く、年金を使って、海外で過ごす一人暮らしの老人だった。

私たち一族には、土地も生業もなかった。「何者かであらなければならない」という記憶だけがあった。

父は、タイの農場経営のために、企業や国の助成金を得た。さらに、友人たちから活動資金を募った。父は同窓会に行っても、タイの農場の話ばかりしていたようだ。その後、老いが進み能力が落ちても、強引に農場運営を続け、友人たちの顰蹙を買った。

父は「無教会主義」のコミュニティで、重んじられることはなかったし、コミュニティ自体が縮小していた。無教会主義は洗礼を必要としない。ところが、父は、タイの日本人教会で洗礼を受けた。

父が日本に帰るたびに、母との激しい言い争いが起きた。

「お父さんのことは、離れていると嫌いではないのよ。でも、そばにいると、嫌になるの」

と母は言った。父の妻としての身分があり、しかも離れて暮らせることは好都合だったように見える。どんなに父が願っても、母はタイの農場を見に行くことはなかった。父がタイで新しく獲得したコミュニティに関わりを持とうとはしなかった。

家には、社会に適応しにくい妹たちがいた。長い大学院生活を送ったり、長い闘病の末に、就職したりした。母は、私の子育てを助ける一方で、妹たちの世話に力を注いだ。終わらない三人の娘たちの世話に、母はいきいきしていた。

父は妹たちの不適応には、感知しなかった。母は、父への否定的な感情を私に語り続けた。家庭を顧みない夫たちへのメディアの批判が、母の「正義」を後押しした。私は、当時、母とともに、父に怒りを向けた。そのようにして、父をさらに追い詰めたのかもしれない。

†長男Sが不登校に

私と母との間に距離感が生まれたのは、二〇〇四年六月、小学校二年生の息子が学校に行けなくなったことがきっかけだった。

「お母さん、学校は僕のための所ではないよ。頑張って座っていると僕は顔だけになっちゃう。それでも頑張っていると鼻の頭だけになる。だから学校には行けない」

息子はそう言った。それから中学二年の秋までの六年余、通学に困難があった。国の不登校の規定である三〇日以上休んだのは三年間。登校しても、全日教室では過ごせなかった。

この年の春、私は二冊目の『ネグレクト　真奈ちゃんはなぜ死んだか』(小学館　二〇〇四年)を出版したばかりだった。当初、私はこの、三歳になる我が子を段ボール箱に入れて餓死させた二一歳の母親と自分を重ねていた。だが、何度書き直しても編集者は、出版を許してくれなかった。男性が読んでも面白いと思えなければ本にはできないと言われ、真っ赤になるほど編集者の疑問点が書き込まれたゲラと格闘した。さらに取材を進め、この母親が拘置所内で書いたノートを手に入れた。そこには私の理解を超える病理性があった。そのことを踏まえて書き直した時、本が形になった。

子どもを餓死させるほどの病理を抱える母親の苦しみに、軽々しく自分を重ねてはいけないと知った。

Sが動けなくなった時、私は自分の責任だと感じた。母親が正しく育てれば普通の子どもは学校に行けるはずだ。息子が学校に行けないことに、自分を責めるような、恥ずかしいような気持ちがあった。

一方、取材で身につけた、学校に行けないのなら、無理強いさせないという考え方にシンパシーをもっていた。画一的な学校制度に問題がある。フリースクールに行かせてもよい、とも考えた。

心は大きく揺れた。

連絡帳には、担任のA先生から、自身の三人の子どもを育てた例を引いて、「大人の要求はしっかりしようと割り切ってそだててきました」とあった。

ある時、私は教室に座っていられなくなった息子を図書室で過ごさせて欲しいと頼んだ。A先生はその日は希望を聞いてくれたが、連絡帳には「今後、どうしてS君だけが許されるのかと他の子が考えた時には対応できない」と書かれていた。

「適応できない児童には教師が指導する。母親の甘やかしは困る」という考えが透けて見え、親を指導しようという姿勢も感じた。

育ちの偏った息子は学校に受け入れてもらえないのだ。私も母親として、否定的に見られている。私は、不安になり、怯えた。

このとき、私は学校教育、つまり社会の要請に適応しなければ、という気持ちが強かった。学校へのぎくしゃくした不信が生まれた。困難を理解してもらえないことへの、怒りの気持ちが含まれていた。

†坂井聖二先生との出会い

夏休み明け、Sは全く登校できなくなった。私は助けを求めなければと思った。『ネグレクト』を書き、困ったときには身内ではなく、外の第三者を頼らなければいけないということは学んでいた。

取材で知り合った、子どもの虐待防止センターの職員のPさんに連絡を取った。早速会ってくれたPさんは、医師や公的機関に相談することを勧めた。公に息子をさらすことはハードルが高かった。それは息子の、ひいては自分の「欠陥」を正式に認めることでもある。

逡巡する私にPさんは「社会資源は全部使っていいのよ」と明るく言った。

私は思いきって、子どもの虐待防止センターの理事長坂井聖二先生に連絡をとった。坂井先生には以前、『ネグレクト』の出版に当たって、専門家としてのチェックをしていただいた。当時先生は目の病を発症しており、ほぼ視力を失い、治療を受けていた。時間ができたので、読み上げソフトで内容を確認しても良いと言ってくださったのだ。原稿について大きな指摘はなかった。

先生は『子どもの虐待への挑戦――医療、福祉、心理、司法の連携を目指して』（子どもの虐待防止センター監修、坂井聖二著、西澤哲編著）で、虐待やネグレクトをしてしまう親の心理を次のように説明している。幼い頃、暴力を受けて育った人は「暴力に限らず、様々な場面で自分をコントロールできずに悩んでいる」「自分自身についても確信がもてず、曖昧な状態のまま大人になっている。確実なアイデンティティを持てずにいることが多い」「自信がないことを人に見抜かれたくないので、他人に対して攻撃的な態度に出ることもよく見られる」「少しでもバカにされるのは我慢できないという感情で、本当は自信がないことを隠蔽しようとする」

大勢の虐待を受けた子どもとその親と向き合って来た中から導きだされた言葉だ。率直に言って、こうした傾向を私自身ももっていた。

私が仕事で虐待について関心を持つのは、私自身の不全感を理解したいという思いが強かったからだ。私は否定的、被害的な認知に陥りがちな自分を持て余していた。

当初、坂井先生は児童精神科医は家に近い方が良いと言った。地域でSを中心としたネットワークを張るほうがいいと言う。

近くの児童精神科医を夫とSの三人で訪ねた。医師は、Sに両手を広げて舌を出して立つようにと言った。言われた通りにしたSがよろけると「アスペルガーですね」と即座に診断を下した。「良い薬があります。いま待合室にいる子もアスペルガーですが、薬を飲んでいます」と言う。帰り際、待合室で中学生の男の子がぽつんと座っているのが見えた。暗い顔が気になった。素早い診断と告知に、夫と私はどう反応していいのか分からなかった。

改めて坂井先生に相談すると「疑問に思うことは何でも正直に尋ねてみることです。質問にきちんと答えてもらえたらよい先生です。答えてもらえなければ主治医にはしない方がよいでしょう。その時は、私が主治医になりましょう」と言った。夫婦で近くの児童精神科医を再訪した。

「なぜ、アスペルガーだと診断を下したのですか。根拠を教えてください」と尋ねると、医師は怒りだした。「お母さんにはこういうふうに治療して欲しいという考えがあります。それでは診ることはできません」

私たち夫婦は医師の怒りにホッとした。坂井先生に主治医になっていただけると思った。

†「成長する力を私たち大人は信じましょう」

一〇月にはいって間もなく、私と夫はSを連れて坂井先生に会いに行った。駅から医院までの道すがら、店先で焼き鳥を焼いている肉屋などが並んでいた。坂井医院はそんな下町の風景にとけ込んだ、年代を感じさせる木造平屋の建物だった。待合室の本棚には絵本がたくさん、そして、壁にはディズニーなどの大判のジグソーパズルが飾られていた。ご家族で作るのだと聞いた。

聖二先生が病に倒れてからは、同じ小児科医である奥様の香織先生が一人で診療を続けていた。私たちが訪ねたのは時間外で、聖二先生が近くの自宅マンションから来て、くつろいだカーディガン姿で私たちを待っていた。

最初にSだけを診察室に招き入れ、話を聞いた。二〇分ほどで、入れ替わりに私たち夫婦が呼ばれた。「まだ、慣れないので、上手に自分のことは話せていない」と言った。もっともS自身は、何て自分の思いが分かる人なのだろうと思ったという。

この時先生は「診断名は付けません。その子にとって診断名が付くことが有益なときだけ付けます。ただ、医療に継続的にかかるためには診断名が必要なので、不安神経症とします。不登校だということ以上の意味はありません」と説明した。

そして、不登校は病院だけでは治せないこと。病院と家庭、学校の協力が大事であること。連絡書を書くので、学校に提出して欲しい。坂井先生自身も学校に行き、教師たちと話し、クラスでの様子も見てみたいといったことを話した。

「学校に行けないのであれば、フリースクールに通う方法もあるのではないですか?」と尋ねると「S君は、学校に行きたいのです。親が先に方針を決めてはいけません」と毅然とおっしゃった。

さらに私に仕事を減らすようにと言う。

「子どもが複雑骨折を起こして入院したら、母親は仕事を休んで付き添うでしょう？　それと同じです」

私はSの状態をそこまで深刻なものだとは受け止めていなかった。取材や資料を読むなかで、不登校は誰にでも起きることで、病とは違うというメッセージを受け取っていた。学校制度が課題を抱えているため、繊細な感受性をもつ息子はそれに適応できないのだ。ただしライターとしてはその理屈を理解しても、親としては逡巡する思いがあった。取材で見てきた、不登校に陥った子どもたちの予後はいいとはいえない。しばらく休み、学校に戻れる子どももいるが、大人になって、居場所がない人たちも少なくなかった。

坂井先生の言葉で、私と夫は息子を「苦しんでいる存在」として位置づけることができた。「息子のために」という対応の方向が明確になった。

さらに先生は言った。

「S君の成長する力を私たち大人は信じましょう」

私はこの言葉で息子の他者性を意識した。私が正しく反応してもSが変化するわけではない。Sの育ちはSのものだ。

†交渉で学校の制度を変える

息子の学校は、当初、連絡書を受け取ることを拒否した。不登校は医療ではなく、教育問題であり、息子（と親）を教育することで、対応するという方針のようだった。医療に学校の活動を制限して欲しくないという自負を感じた。

坂井先生と相談し、改めて私は学校を訪ね、連絡書の受け取りを依頼した。担任のA先生と相対している時、私は自分が交渉していることを意識していた。出来の悪い息子のために身を縮めるのでも、学校へ不満や意見を言うのでもない。

A先生は話を聞くと「分かりました。職員会議で議題にして、連絡書を受け取れるようにします。それから、お医者様に授業を見学してもらい、担任の私と話し合えるようにしましょう。少し時間を下さい」

と言った。「困っているSのために」大人が協力するという考え方を理解し、学校のシステムをずらしてくださった。

連絡書は「登校は強要せず、本人まかせにする。本人が自分で決めることに強いストレスを感じている場合には、原則的に、登校しないことにする」「重要なことは本人が学校から見捨てられたと感じたり、友人に忘れられたなどと思うことのないように配慮することです」とS本位の対応を求めていた。更に担任との面会、授業の見学を希望していた。学校は主治医との面会と授業の見学にも応じた。約束の日、坂井先生は白い杖をつき、一時間近く電車を乗り継いで学校を訪ねて下さった。

私は冷静にこちらの立場を伝え、交渉することで、壁のように見える学校の制度が変わるという体験をした。仕事で交渉することはあったが、フリーランスといえども、ライターという身分で生身の自分を覆っている。日常での交渉は初めてだった。

息子の命と未来を守るために、交渉する。私が新しく学んだ社会との付き合い方だった。大人たちの視線が変わる中、Sは三カ月ほど学校を休んだ。A先生は、坂井先生の意見に従って、家庭訪問し、学外でSと過ごす時間を作った。クラスメイトの家にも積極的に遊びに行かせてもらった。自宅近くの大学が開いているカウンセリング教室でプレイセラピーを受け、同世代の集団から離れないよう、学童に通った。

四カ月目から月に数日ずつ登校を始めた。

Sは一貫して学校に行きたいという気持ちをもっていた。当事者の、社会の一員でいたいという思いがどれほど強いのかを目の当たりにした。

毎朝、Sにどうしたいかと尋ねた。登校すると言った日には、その時間を尋ねる。三時間目と言うと、間に合うように車で送った。学校に着いても、顔面蒼白になり、保健室にしか行けない日もあった。校門から入れない時もあった。そんな時は近くのマクドナルドで親子でお茶をしてから、もう一度学校に向かった。

†「自分の存在さえ危うくなる体験」

Sが坂井先生に会ったのは、四、五回に過ぎない。それ以外は、先生の病気が悪化する小学六年の夏まで、私が一〜二週間の記録をメールで送り、電話で注意点などを聞いた。坂井先生は母親である私を丁寧に支えて下さった。

例えば抗不安薬を処方する時、「私もこの薬を飲んでみたことがあります。ほんの少しぼんやりするけれど、他の薬に比べて、大きな変化はありません。習慣性もありません。この薬で緊張感が和らいで、S君が教室で過ごせるならその方が良いと思うんですね」と丁寧に話し、最終判断を私に任せた。

正直、私には抗不安薬は受け入れ難かった。考えを翻したのは、先生への信頼が鍵だった。

もっとも先生は普段、私の判断をほとんど肯定した。これでは先生に診ていただく必要はないのではないかと感じた時期もある。

三年でクラスの担任が替わった。申し送りにより、本人本位の対応が続いた。

新担任のH先生も、学外で息子と過ごす時間を取ってくださった。本格的にクラス復帰を始めた息子には、保健室にしか行けない日と、比較的楽にクラスに行ける日とがあった。だが、頑張ってクラスに入っても、教卓の下に潜り込んだり、壁際の隅っこに身体を押し付けたりしている。その様子を見てH先生はSに言った。

「テントを立てたら教室で過ごせるか?」

「過ごせる」と息子は答えた。

H先生は学校に許可を取り、クラスの子どもたちや保護者会で保護者たちにも説明をし、教卓の横にテントを立てた。Sは数カ月間テントの中で授業を受け、やがて必要としなくなった。少し大きくなった頃、「僕が学校に行けるようになったのは、テントを立ててもらったからじゃないよ。そこまで僕のためにしてくれるなら大丈夫だと思った。そこに居てもいいよ、と言われた気がした。特別扱いは、うれしいというより、嫌だった」と説明している。

毎回保護者会ではH先生からSについての報告があった。ある母親は「S君のためにそこまでやってくれるのであれば、ウチの子に何かあったときにも、いろいろやってもらえると思える」と私に言った。

坂井先生は、主治医となって一年後、再び学校を訪ね、担任のH先生と協議している。二度目は私も同席した。この時に学校側に提出した坂井先生の「メモ」には、次のようにある。

「一学期の体験から、学校生活に向けて、自立的なコントロールが可能になってきた」「本人は比較的大きな集団で、時間と空間を管理され、自由な発想や行動（それはやりたい放題とは大きく違う）が取れない場面で、自分自身が拘束されているばかりではなく、自分の存在さえ危うくなる、という体験を強いられているように思える。これは、「ある場面への不適応」という「ネガティブな」評価を下すものとは違う印象をもっている。それは、S君がもっている「個性的な大きな魅力」と同じ次元で存在しているように思えてならない。コインの裏表のようにも思える」「彼の持ち合わせている柔軟な力を信頼し、両親や学校の先生方の温かいまなざしの下で、多くの友人と共に大きく成長することができると信じている」

「コインの裏表」という言葉にH先生は大きくうなずいた。

「自分の存在さえ危うくなる」という実存喪失体験は、ひきこもりや不登校の子ども、若者たちの本質的な体験なのではないか。

†子どもを守るために親を支援する

この面接の後、坂井先生に私たち夫婦はSの生育歴を書き出して提出した。生まれた直後から、夜泣きが激しかったこと。母乳で育てたが、哺乳瓶の乳首の感触をいやがり、早くからスプーンで水を飲ませたこと。保健センターの講習どおりに作ったべとべとした離乳食を食べず、かさかさした食感の食べ物を好んでいたことなどを書いた。坂井先生から次のような感想がきた。

「S君が乳児期から特異な感覚とこだわりを持っていたことを改めて知ることができました。その生理的感覚や、認識の特異な仕方は、現在でも彼の行動に様々な形で影響を与えていることはご両親も理解されていることと思います。彼が、自分が感じて生きている世界が、他の人と少し違うのかもしれない、と自分自身で感じ始めた時期に、学校生活という彼にとって理解を絶する緊張を強いる状況にぶつかったように感じます」

Sは五年生で坂井先生の診察を受けたとき、「S君の顔がぼんやりみえてきたよ」と言われたそうだ。「すごく分かってくれている人という気がしていたけれど、僕の顔を見たことがなかったんだな」と不思議に思ったと言う。

その後、Sは再び学校に行きにくくなる。更に担任が替わり、すれ違ってしまった。行きつ戻りつするSの状態に不安がる母親を坂井先生は繰り返しなだめている。

「S君が抱えている問題は、短期間で解決され、親が心配しなくてもよくなる種類のものではないように思えます。（略）でも、S君の代わりに親が生きることはできないのですから、ちょっと気障に言えば、人生の同伴者、同志として、一緒に生きていく、という姿勢も必要かもしれません」

その後、Sはとうとう学校に行けなくなった。当時、坂井先生の病は重く、意見をもらうことができなかった。私たち夫婦は、S本人にどのように学校と関わりたいかを聞いた上で、学校との話し合いを希望した。どうしても出たい行事を伝え、Sと担任の距離が縮まるよう、一対一で雑談し合う時間をとってもらった。その後、通学できる時間が増えた。少し回復した坂井先生は、病床からメールを寄せた。

S君をはじめ、ご家族の方々が、大きな危機を乗り越え、力強く前向きに生きていることを知り、とても喜んでいます。（略）

私は、S君は基本的にはとても素晴らしい人だと思っています。ただ、同時に、普通の人が何でもなく乗り越えるものに躓いてしまう弱さも持っています。これは、同じことを違う方向から見ているにすぎないと思います。その弱さを自分の味方にできるか否かは、彼の生涯のテーマの一つだと思います。（略）

これからも、彼は沢山の困難に出会うでしょうが、それは、新しい出会いや、喜びの源でもあるのです。

私たちを支配している時代の息苦しさをいちばん大きく感じているのも、彼をはじめとした若い人たちだと思います。その中でも、彼の魅力は、私たちには見えない「ハードル」が沢山見えることと直接関係があるように思います。

お母様にとって重要なのは、自信を持って、自分の感情に素直に耳を傾け、怒ったり、ずっこけたりしながらも、S君と一緒に楽しめることだと思います。

坂井先生は、規格に収まらない息子を肯定し、その一方ですぐに自信を失い、自分自身を責めるモードにはいってしまうその母親を精一杯力づけようとしていた。

S本人によれば、大きく支えてくれたのは坂井先生だけではない。なんといってもクラスメイトの力が大きい。気持ちよく家に迎えてくれた友人たちとその家族。ある教育研究者が、Sと同級生で学べる小さなグループを作ってくれた。学校は全校生徒の前で独唱をさせたり、活動のリーダー役を与えたり、最大限、Sが動ける場を作り出してくれた。S自身が自分の所属先だと考えている社会の一員として、仲間から尊重されたことはとても大きなことだった。

もっともそれは、人との関わりが苦手な私が、息子を彼自身が望む社会に臆せず押し出すことができたからだ。その背後に、虐待をする親たちと向き合って来た坂井先生の、子どもを守るために親を支援するという姿勢が明確に息づいていた。

二〇〇九年三月、坂井先生が亡くなった。五九歳の若さだった。

春先の冷たい雨の降る暗い夜、小学校の卒業を控えた息子と下町の小さなカトリック教会で行われた通夜式に参列した。先生は棺の中で、花に囲まれ、好んで着ていたという黒い革のおしゃれなコートに包まれて眠っていた。Sは、献花をすると、奥様の香織先生の前に歩み寄り、手放しで泣いた。

「置いてきぼりにされた気持ちだった」と数年後に言っている。

Sは、中学二年の秋突然、「僕は他の生徒と変わりがないことが分かった」と宣言すると、ごく普通に通学するようになった。

†両親から与えられた物語

夫と一緒に様々な人たちの力を借りて息子の不登校に対応している間に、実家では、両親の老いが進んでいた。両親は、お互いの親から与えられた物語を生き続けることで生まれる対立を取り繕えなくなっていた。

ある時父は、「神様の御用」のためにタイで農地を買い足したいと言い出した。外国人では農地は買えないので、ある知的障害を負った女性と結婚して、タイ国籍になり、土地を取得すると言う。相手の女性の家族は了解している。母とは離婚するが、母はそのまま、日本の家に住み、今まで通り自分のための事務的な用事をして欲しいと言う。驚いたことに、母はそれでもいいと言った。私たち四人の兄弟一同が本気で怒り、結局その件はうやむやになった。

父も母も、生涯を支えてきた物語から降りて、人生の同志・同伴者としてお互いに出会うことができなかった。

父はある時期から、自分は世界を救える大発見をしたと言うようになった。糸ミミズを使うと豊かな土壌を作り出せる。世界の食糧問題を解決できるという。会う人ごとにその話をし、行政や民間の助成金窓口や、ちょっとした伝を頼っては人を訪ね歩いた。

私は父は認知症なのだと思った。専門の外来に連れて行って、検査をしてもらったが、脳は健康であるという結果だった。

ただ、その認知症専門医は、「今がいちばん大変な時期かもしれませんね」とボソッと言った。

家族間の憎悪が強まり、行き先が見えなくなった頃、私はカウンセリングを受けた。そのカウンセラーは私に、妹の一人は、姉である私に母をめぐって嫉妬をしていると語った。私は曲がりなりにも仕事を得て、家族を得て、息子を産んでいる。妹は、独身で仕事も思い通りにならないまま病んでいる。思いがけない考え方だったが、合点もいった。

私自身が、「神様の御用」を果たしていると思っていた父を「身勝手な人」と言葉にできたのは、このカウンセリングを受けてからだった。

当時、父はタイから帰国して家にいる時は、いつも新聞をまとめて資源ごみに出すという仕事をしていた。八〇歳代に入った頃、母がその仕事を手早く片付けてしまった。父は激怒して母を引きずり倒した。父は、自分の能力の衰えを直視しきれなかったのかもしれない。

母は尾てい骨を骨折した。しかし、父は母が自分で転んだと言い張った。問い詰める私に、ファックスを送ってきた。

私は医者が指摘したT（母の名前）の腕の二つの黒斑が幅三cmであるのは、そこに中高のステンレスの棚があり、その取っ手に木製の三cm×二・五cmの二本の棒があり、Tが倒れるとき、その棒の先で腕をこすりながら降りて行ったことの傷ではないかと思う。（略）私のためにも手抜きをしないで、最高の朝食を用意し、自己の責任を果たしつつ、健康も回復している妻の姿に、敬意を表しつつ、神の恩恵に深く感謝する日々である。

母の腕のあざは、自分の指の跡ではないというのだ。業務上の過失を説明し、詫びるような書面だった。私は、父は職業人生のなかでも、このような文面で自分の非を取り繕いつつ、詫びた経験があるのだろうと思った。

手元に母の手紙もある。混乱の中でカウンセリングを受け、カウンセラーにその日の感想を書くようにと促されたものだ。

彼との関係は、多分最初からと思いますが彼が私の信仰を認めないこと、故に愛もない、私は現実の中で利用されたのだとの思いが強いのです。その点、長いこと母をうらんでいました。母はRさん（父の名）が好きですし、Rさんも母をそんけいしていました。私は父をそんけいしていますがRは父の信仰に批判的でした。彼とのこれからの関係については、出来るだけのことを（食事日頃の生活）すること、（日本に帰ってきたときにはいつも好きな煮豆はたやしたことがありません）と考えています。

母にとって、実母が敷いた父との結婚を完結させることが「正しい」ことだった。夫の食卓を整えることが、母の誇りだった。その正しさを降りることはできないのだ。

さらにこの手紙では、当時病んでいた妹を愛し抜くと書かれている。

私はてっていした愛と、それを伝える事の大切さを大切にしたいです。Eが愛をもとめているそれに答えたいです。

Eとは妹の一人で、私に嫉妬をしているとカウンセラーが指摘していた。母のカウンセラーは母と妹に、別々に暮らすよう助言した。だが、母には考えの及ばないことのようだった。妹は母の愛から逃れられなかった。

†抑圧と暴力から逃げ出す

私はこの手紙の数カ月前、父と母を物理的に引き離してしまおうと考えた。両親の繰り返される諍いは、離れて暮らすことで落ち着くのではないかと思ったのだ。父はタイで死んでもいいと言い続けていた。それは本音にも思えた。

タイの青年は子どもたちの誰よりも父に優しかった。父の暮らすタイの街には、日本人向けの老人ホームがあった。為替レートの関係もあり、低額で丁寧なケアを受けられるという。父にそこに入ってもらい、青年に保護者役をしてもらえないかと思った。青年に相談すると、父を引き受けてもいいと言った。その準備にタイへ行くつもりだと母に伝えると、母は私には何も言わず、父と連絡を取り「日本に帰ってきなさい」と告げた。母に呼ばれ、父は帰国を決めた。

父と母はお互いを必要としていた。

家族は共同体であると社会は考える。家族には絆があるとされ、社会的に多くの責任を負わされる。

先祖代々伝えていく家業も田畑も、資産ももたない無産階級の家族を、何が家族として機能させるのだろう。それは物語の共有なのではないかと私は思うようになった。家族の物語により支えられた自尊を生き抜こうとする。だが、その物語よりも、社会の変化のスピードは激しい。現実とは合わない物語を成立させようとすれば、少しずつ嘘が交ざる。現実に直面できなくなる。そこにひきこもりや虐待が吹き出す。

殺人事件は二〇一二年は八八四件。その中で、親族間の殺人で逮捕されたのは、五三・五パーセント。過半数を超える。二〇〇三年では四二・一パーセントだったから、少しずつ、家庭の中の暴力的圧力は強まっているともいえる。

それでも、家族は時代を超えて絆で結ばれなければならないのだろうか。

私は元家族から離れることにした。その頃、夫からこんなことを言われたことがきっかけだった。

「今日、電車の中で、母娘連れを見た。夫と不仲らしい母親は娘に「あなただけは私の味方でいてほしいの」と言っていた。娘がかわいそうだと思った。君たち親子を見ているようだった」

実家から距離を置いて少したつと、ある日、ポコと小さな音がして、頭の上の透明なカプセルが外れたような気がした。両親の作り出す規範＝物語から自由になったと思った。さらに少しすると、夫と息子と暮らす家の中の圧力が薄まったように感じた。日常に「憎しみ」がないことはこんなに楽なことなのかと思った。

同時に、夫との関係が少し変化した。夫は「君は長い間自分の両親の関係の図式を家庭に持ち込もうとしていた。それがつらかった」と私に言った。

私自身、生きることが少し楽になった。言葉が自由になった。人を抑圧している時には、実は自分のことも抑圧している。

私は中学時代、クラスの女子集団に「クラス中から嫌われている」と言われたころから、友達付き合いではいつも、感じたことを一旦胸にしまい、微妙な状況の求めに合わせて言葉を発してきた。そのようにして身を守ってきた。生き延びるためにはいつも自分自身を隠さなければならなかった。だが、何から身を守ってきたのだろう。

ひきこもりの背後には、「抑圧」や「暴力」がある。その連鎖はどこから来るのか。どのように抜け出すのか。その謎は、私自身の中にもある。

第四章

家族の絆という神話

——価値を継承する装置

†怒りをどう吐き出せばいいのか

さっぱりと整えられた髪、大柄な身体に清潔感のあるチェックの半袖シャツにチノパン。人当たりのよい、丁寧な言葉遣い。笑顔が爽やかだ。

小宮山孝さん（仮名　四二歳　一九七三年生まれ）と向き合っていると、頼りがいのある、世慣れた男性という印象をもつ。

だが、実際は、社会に不適応を起こして苦しんできた時期が長い。

「家の外では普通ですが、実家ではエタノールと軍手が手放せません。風呂場のシャワーのノズルやカランには触れません」

八〇年代初め、一〇歳で学校への行き渋りが始まり、中学一年で不登校になった。中学の卒業資格は取ったが、それ以後の学歴はない。フリースクールに通い、児童精神科医の治療を受けた。成人後も精神科で治療を受け、授産施設で就労支援を受けた。最近までホテル内の障害者枠（A型就労　雇用契約を結び、原則として最低賃金を保障されつつ、一般就労を目指して、訓練を受ける）で働いた。

だがつい半年ほど前、障害者枠でしか働けない現実にいらだち、仕事を辞めた。

年下の正社員は、自分と同じような仕事をして、昇級や社会保障があり（障害者枠には昇級、住宅手当てがない）、結婚し、子どもがいる。同僚と自分を比較し始めるとたまらなくなった。

押しとどめようがない怒りが溜まった。

孝さんの経歴を聞くと、不登校やひきこもりの支援として、当時としては充実したケアを受けてきたことがうかがえる。与えられた支援制度の中で、静かに場を確保しておけば生活はなんとでもなるようにも見える。だが、一般就労として働く同僚と自分自身の「差」を考え始めると、怒りが収まらなくなった。その怒りの深さは、体を壊してしまいそうなほどのいらだちなのだ。

「仕事に通っていたときは、いつもスリーピースを着て、革靴を履いて、ネクタイをして香水もつけました。頭のてっぺんからつま先まで、身だしなみをしっかりする。それは鎧のようなものでした。これでようやく外を歩いて良いのだと思えるのでした」

自分に課す規範から自由になれない。このような仕事の辞め方は三回目になる。

――怒りは小さいときからあったのですか。

「そうですね。今のところ、人を攻撃したり、暴力をふるったりすることはありませんが、自分の中にある怒りをどう吐き出したら良いのか分かりません。そこを清算しないと必ずストレスになって身体を蝕んでいくと思うんです」

†中学時代の激しいいじめ

孝さんの不登校のきっかけは、小学校五年生のときの引っ越しだった。関東圏のある県から隣の県に新設された巨大団地内の戸建てに家族で転居したのだ。

「以前住んでいた町では、泥んこになって遊び回りました。友達も大勢いて楽しかった。ところが、団地の学校では、誰が上か下かという競争が始まりました」

歴史のない学校では、上級生も新参者だ。ちょうど思春期の入り口にいた孝さんは、いつも周囲を見て振る舞う習慣を身につけた。

激しいいじめを受けるようになったのは、中学一年の後半から二年の前半にかけてのことだ。筆箱などの持ち物を隠される。すれ違いざま、みぞおちを殴られる。トイレの個室に入ると、上から水を掛けられた。

いじめは、相手をいじめることにより、自分を優位に置く手段だ。毎日朝になると、体がだるく、微熱が続いた。母は無理やり布団を引きはがした。

孝さんは両親に対して、ふがいない自分がただ申し訳なかった。自分を責めた。

「学校に行けないのは自分の弱さのせいだと思っていました」

いじめをようやくの思いで両親に告げた。すると、父はいじめている子どもたちを呼び出して叱った。いじめはさらに悪化した。

孝さんの父はすでにない。現役時代は書籍販売の会社のサラリーマンだった。東北地方の貧しい農家の出身で、苦学して私立大学を出た。倹約家で、実家を支えた。家を持つのが父の願いだった。家では笑顔を見せることがなく、本ばかり読んでいた。幼い孝さんには厳しく、気持ちが通った記憶がない。

母は専業主婦で、二人は見合い結婚だった。母は、幼い時に父親を亡くし、母子家庭で貧しく育った。ただし、親族には外交官や企業の幹部が多く、交流もあった。母は上品で、孝さんと六歳下の弟の茂さん（仮名）にも言葉遣いや箸の上げ下ろし、立ち居振る舞いを厳しくしつけた。

母にはその父親の死によって、社会の中枢から放り出されたという思いがあったのではないか。息子たちに立ち居振る舞いを教えたのは、もう一度、自分が居るべき場所に戻りたいという願いの表れのようにもみえる。孝さんはおそらくそんな母の願いを知っていたのではないか。

母との関係が共依存のようだと今、孝さんは自覚している。幼いときから、母が激しく社会を批判する言葉を聞いてきた。今も母の怒りはもっともだと思う。

——社会を受け入れられなかったお母さんの怒りと、自分自身の怒りは区別ができていますか?

そう尋ねると、少し考えてこう答えた。

「いいえ、できていないですね。どこまでが母の怒りで、どこからが自分自身の怒りなのか、正直、分かりません」

家族の絆を通じて、親の怒りを子どもが継ぐ。子どもは自分の人生を生きられない。それは、どれだけ苦しいことか。

家の中に笑いはなかった。父が一度、母を殴っているところを見たこともあった。母は、父に言い返すことはなかった。父は、いたずらをする孝さんを殴ることもあった。ペットを飼いたいと懇願しても許さなかった。飼えるようになったのは父の死後だった。

†強迫神経症を発症

いじめはクラスに蔓延していた。当時、近所に住んでいたクラスメイトはさらに激しくいじめられていた。その男性は四〇歳を過ぎた今も部屋から一歩も出られないそうだ。老母が食事をドアの前まで運んでいるという。

いじめは、自分の強さを示すために、他者を貶め、居場所を奪い去る。そんな環境で、孝さんは、中学一年が終わる頃、強迫神経症を発症し、学校に行けなくなった。母は、看護師をしている妹から、都内に不登校の子どもたちを対象にしたフリースクールがあると聞いてきた。孝さんは中学二年になって間もなく、そこに通い始めた。北関東の自宅からドアツードアで二時間。月謝と交通費は合わせて五万円以上になった。

フリースクールでは、勉強がしたければ学ぶことができる。何もしたくなければしなくても良い。子どもたちの主体性が尊重されるといわれた。

孝さんの強迫神経症は家の中にいると悪化した。フリースクールからの帰宅時、家の近くに来ると、頭からすっぽりフードを被った。周囲に顔を見せることができない。玄関のドアノブに触れられない。リビング、廊下、トイレ、家族との共有部分では、空気自体が気持ち悪かった。

安心して呼吸できるのは、自分の部屋だけだった。

母親の作った食事が食べられない。水道の水が飲めない。コンビニ弁当とポカリスエットで生き延びていた。受け入れられるのは、母の思いが感じられず、家庭の匂いのしない、規格化された商品だけだった。

トイレは小水が跳ね返っていると思うと使えない。家の外で用を足した。親とはツバが飛ぶので面と向かって話せない。話さなければいけないことがあれば、ドアの下から声を出した。親に会いたいという気持ちはなかった。

家も家族も孝さんを害する存在だった。始発電車に乗り、終電で帰った。家族から離れたフリースクールは孝さんが安心して過ごせる場所だった。スタッフは孝さんを追いつめることなく、ゆったりと話を聞いてくれた。

フリースクールには、見学者が絶えなかった。マスコミ関係者もしばしば訪れた。

「生徒たちのなかには、学校には行く意味がないから、自分から辞めたとマスコミに語る生徒もいました。僕も社会への否定的な思いは共有していたかもしれません。でも、積極的に発言はしませんでした。主張ができる子どもではなかった。

むしろ自分は本来、こんな所にいるべき人間ではないと思い続けていました」

仲間たちと自分は違うという意識は強かった。その思いは今も孝さんの中にある。支援を受けるべき人たちとは自分は違う。そう感じて憤りに苛まれる。孝さんの怒りは、社会の一人前のメンバーとして認めて欲しいという、強烈な叫びにも思える。

家にいられなくなった孝さんは、児童精神科医にかかり、思春期病棟に入院した。そして、そこからフリースクールに通った。

同じ頃フリースクールの同級生との恋に夢中になった。それは、しかし、相手をコントロールしたいという欲求でもあった。関係は長くは続かなかった。

†暴力的強制入院の惨めさ

孝さんは、一八歳でフリースクールを卒業した。その後は、北関東にある実家にこもるしかなかった。

そこから数年間、激しい家庭内暴力が始まった。冷蔵庫、窓ガラス、テーブルを破壊した。父に手を挙げることはなかったものの、母には、自分が望む通りの、強迫的な手順で家事をするようにと迫った。

母が願いを受け入れると、孝さんは母の手作りの食事が食べられるようになった。一方的に与えられるのではなく、孝さんの意向が食事に反映した。

母は疲れ果てて、精神科に入院した。母の留守中に孝さんが暴れると、父は警察を呼んだ。病院に連れて行かれ、筋肉注射を打たれ、病院スタッフも含め、七、八人で強制的に保護室に入れられ、施錠された。そこで一〇カ月過ごした。

最も惨めで、怒りに支配された時期だった。今も何かあるたびに、このときのことがフラッシュバックする。この時期、母親が手続きをして障害基礎年金を受け取るようになる。障害者と断じられての年金取得は孝さんが自分で決めたわけではない。そのことにも長年苦しんだ。

二年間入退院を繰り返した後、医療ケースワーカーの助言を受けて、ホテル運営を行う授産施設に入った。ここでシーツの交換等、ホテルで勤務するために必要な訓練を受けた。二年間のコースを終えると仕事は一通り身に付いた。電話の応対もできる。なかでもベッドメイキングには自信があった。

二十代半ば過ぎ、晴れて、温泉地のホテルに一般就労した。障害基礎年金を受けていることは伝えなかった。近くにアパートを借り、車で通勤した。朝は必ず新聞を手にしていた。人がどのように自分を見るのか、いつも強い意識があった。同僚や上司たちは、それほど厳しく孝さんを評価していたわけではないのかもしれない。だが、深いところで自信がない孝さんは、疲労困憊する。たちまち就労は困難になる。一挙手一投足、人に見られているという思いのなかで、四カ月で動けなくなった。

「逃げるようにして辞めてしまった」

深い敗北感があった。その後、再び実家近くの授産施設に戻り、障害者枠で契約社員として働いた。家を出て、グループホームに入った。だが五年後、三十代に入った頃、再び辞める。障害者枠ではない一般の社員と同一就労同一賃金ではないことが納得できなかった。その怒りを誰かに伝え、方策を考えることはできなかった。

†差別への怒り

孝さんはそれから再び数年間ひきこもる。その間、フリースクール時代に出会ったスタッフや作家との付き合いがあった。

スタッフの一人、佐藤由美子さん（六七歳　一九四八年生まれ）が都内に不登校をテーマに運営を始めていた場、人の泉・オープンスペース〝Be！〟に通った。オープンスペース〝Be！〟は一人ひとりのニーズを探りあて、もっとも必要だという支援をどのように実現するかを考えてきた。子どもたちが成長して、青年になってもニーズがあれば支援を続けた。

孝さんの場合は、住民票を都内に移した。家と距離が取れると生きやすさにつながった。親の願いは、無意識のうちに子どもに伝わる。子どもは無意識のうちに、切ないほど親の願いを実現しようとして生きる。距離を取ることで、親の願いから自由になれた。

「〝Be!〟では、今までの居場所や職場で感じてきた、人間としての上下関係を感じることがありません。だから、いやすいんだと思います。こうでなければならないという決まりもほとんどない。そういう居場所や人間関係があって、危機的な時に生きながらえることができたのだと思います」

自分の安全が危機に瀕している人たちは、差別に敏感だ。社会の外に押し出され、地面の底から空を見上げているようなものだからだ。

オープンスペース〝Be!〟で紹介を受けたソーシャルワーカーの支援を受けて、再度障害者枠で就労をした。ホテルチェーンを経営している、従業員六〇〇〇人以上の上場会社で、以前と同じようにA型就労の形を取った。仕事はベッドメイキングと事務で、仕事に没頭しているときは達成感もあった。障害者年金と収入を合算すると、一人でのびのびと生活ができた。一時期は彼女ができ、同棲もした。

それから間もなく、力を認められて準社員になった。すると二〇年間受けてきた障害者年金の対象から外れるという通知が来た。健常者と同じ枠で働けると公的機関は判断したのだ。障害者年金をもらっていればそれなりに生活を楽しめる。しかし、障害者年金がなくなれば、生活はぎりぎりになる。アパートの家賃が払えなくなり、孝さんは実家に戻った。結果的に彼女との生活も解消することになった。孝さんは再び強烈な怒りに苛まれる。なぜ、自分は、人並みの生活も許されないのか。

「かろうじてバランスをとって生活を送ってきた。その生活を奪われるのは生き地獄ですよ。心はひねくれます。それなら、健康な人たちだけで生きていく社会を作れば良い。僕は日本という国が終わってしまって欲しい。実際、正直なところ今年は異常気象だと聞くとうれしくなりますよ。こんな考え方で生きていて、良いことはないですよね」

怒りにまみれ、仕事が続けられなくなった。

「退職をした時、辞める僕に手紙をくれたり、泣いたりしてくれた人がいました。それはせめてもの慰めでした」

孝さんは、差別されずに認められたい。それは、当然の思いだ。

——これからどうするのですか。

「僕は、履歴書を書いて、一般の会社に勤めるということはもうないと思います。社会は努力が足りないというかもしれない。でも、僕は登校拒否の道をいかないではいられなかった。うまく生きられなかった自分が悪いという気持ちもある。でも、僕は十二分に努力をしてきた。お手上げです。怒りがある」

——話を聞いてくれる、オープンスペース〝Be！〟のスタッフにも怒りはあるんですか。

「それはないですね。ここに来れば僕の話を聞いてくれる。危機的なときには、いつも助けてもらった。ここは、怒りにまみれないですむ、唯一の場所です」

孝さんは、「僕は登校拒否の生き証人なんです」と言った。

第五章

親たちの苦悩

——親を降りられない父と母

†三〇年間ひきこもる息子

四年ぶりにお会いする、山本隆二さん（仮名　七八歳　一九三六年生まれ）は車を運転して、駅まで迎えにきてくださった。隆二さんには、二〇一〇年に『週刊朝日』で「ひきこもり中年クライシス」を連載したときに、お話を伺った。

その後の様子を知り、ひきこもりが今後どうなっていくのかを考えたいのだと、今回の取材の意図をお話しすると、こんなふうに言った。

「ひきこもりの未来？　そのテーマは難しいと思いますよ。つまり、親の看取りのことでもあるんですから」

最近、墓を買ったという。

「ずいぶん悩みましたけれどね。長男もお金を一部出すといったので、建てることにしました。後継者として長男の名前も彫り込みました」

隆二さんは思案顔で言った。

「次男の方のお名前は彫らなかったのですか」

思わず、ぶしつけな質問をしてしまう。

隆二さんは、少し困惑した顔をして私を見て、それからつぶやくように言った。

「家族全員を彫らないといけないですかねえ……。長男上位の古いイエ制度の感覚なんでしょうか」

二カ月後、もう一度話を聞いた時、墓を建てるに当たって、次男の名前を入れないことは差別にならないかとずいぶん悩んだそうだ。そのことを指摘されて驚いたと話した。

現在四九歳になる次男Bさんは、高校卒業直前に不登校になった。卒業はしたものの、大学進学に結びつかず、以来ひきこもる。八〇年代初めのことだ。

早くから手を尽くして、民間の治療先を探して連れて行ったが、回復しなかった。ひきこもりは実に三〇年以上に及ぶ。

†インタビューが受けられない

隆二さんを最初に見かけたのは、二〇〇八年一一月、関東地方で開かれたひきこもりの子どもを抱える親の会の月例会でのことだった。メンバーの研究発表があり、二〇〇人定員のホールは、五十代から七十代の中高年の男女でびっしり埋まっていた。皆服装が地味で、表情はあまり動かず、ひっそりとした雰囲気が、ひどく印象的だった。

そのとき舞台上で司会をしていたのが隆二さんだった。ビシッとしたスーツ姿で、堂々と場慣れした雰囲気に威厳があった。

あとで知ったことだが、隆二さんは、アメリカの現地法人の家電メーカーの社長として、三〇人の邦人社員と三〇〇人の現地社員を束ねてきた経験がある。

この時、隆二さんに連絡先を伺い、後日インタビューを申し込んだ。最初は個人的な話はしないと固辞された。

「ひきこもりの本質は、インタビューが受けられないということなんです」

と電話口で説明した。それを敢えてとお願いして、インタビューが実現した。

改めてご自宅近くの喫茶店に伺った。身近で向き合うと、思いがけないほど、深い老いをにじませた顔つきが気になった。正直、壇上との違いに驚いた。そこにひきこもりの親の会の仲間だという同年輩の男性の望月正夫さん（仮名　一九三六年生まれ）も加わった。現役時代から地元の家族の会の仲間だという。最初は妻同士が地域のひきこもり家族のために活動をしていたという。

†自己卑下がひきこもりへと追い詰める

隆二さんは北陸地方の農家の次男として生まれている。二町歩ほどの土地があった。一〇歳で終戦を迎えた。一九五一年、中学を卒業して工業高校に進み、地元の会社に就職するつもりだった。だが、海軍で技術将校をしていた叔父から「これからは大学を出ておいたほうがいい」と、普通科の高校への進学を強く勧められ、願書を書き直した。親には「イエは長男が継ぐ。お前は大学まで行かせるから、財産は分けない」と言われた。

高校での成績は最初は良くなかったが、がむしゃらに勉強して追いついた。英語力を意識的に伸ばしたのは、海軍だった叔父が世界に目を向けていたことも、影響していたかもしれない。その後、地元の国立大学に進学した。

「親には進学のことは相談しなかった。あの頃は皆、そんなものだ。叔父が心配してくれた」

子どもや若者の周囲には、大勢の人がいた。子どもの人生に親だけが関わり、責任を負うわけではなかった。

一九五四年当時、大学に進む人たちは約一〇パーセント。高校進学率もようやく五〇パーセントを超えたところだった。大学進学を成し遂げた時点で、隆二さんはエリートだった。

卒業後、就職した家電メーカーは、創業一〇年足らずの若い会社だった。上司に元海軍将校で、国際感覚の鋭い人がいた。英語が得意だった隆二さんは、海外への出張を繰り返すようになった。まだ、一ドル＝三六〇円、渡航が珍しかった時代だ。

結婚は二十代半ば。当時としては先進的な恋愛結婚だった。二八歳と三一歳のときに長男と次男を授かった。

高度経済成長の波に乗り、会社は日本各地に一〇〇以上の拠点をもつ大企業になった。国外にも出張所を開設する。二十代から三十代の隆二さんは熱心に働いた。

「エリートというよりも、会社が急膨張していますから、ある部署で社員が一〇人いたら、全員が数年経つと一〇〇億円単位の事業の責任者になっていました」

部下と一緒に朝方まで、半徹夜で働くことも当たり前だった。

家のことは妻に任せていたが、家庭を顧みなかったつもりはない。子どもの習い事の発表会には時間を作って顔を出した。

海外からの客を自宅に招き、親しくなった友人から国際メール便が届く。そんな家庭だった。

長男は闊達だったが、次男は幼稚園に行きしぶり、バス酔いをするなど、繊細さがあり、習い事は少し不器用な印象があった。

「でも、それは今思えばというレベルで、当時は気にしなかった。長男と次男を比べたつもりはありません。本人はどう思っていたかわかりませんが」

次男の成績が急降下したのは、高校三年生のときだ。両親に、先生の視線が怖くて授業中黒板が見られないと訴えた。仕方なく下を向いていたら、先生にチョークを投げられたという。夫婦はすぐに精神科を受診させた。

「視線恐怖は病理ですから、何かストレスがあったのかもしれません。昔なら、親が気がつかなくても、兄弟や親戚の人たちが気がついたかもしれない。周りにもっと人がいれば、早い時期に誰かが異変に気づいていたかもしれません」

大学受験はかろうじて試験会場には行ったが、強い不安感が出て、名前を書こうとすると手が震えた。結局、合格できなかった。

ひきこもりの背景には、自己卑下がある。周囲の価値観が内面化されて自分を責める。「他者に優位な自分でいなければならない」「成績が良くなければならない」「他者と違ってはいけない」大人になる不安の中で、様々な価値観を、学校やメディアなど様々な場所で拾ってくる。家族から受け取る価値観は強力だ。

二〇〇八年のインタビューで隆二さんは「男親の息子への夢はしかるべき組織の長になることだ」と語っている。ある時期の隆二さんには、子どもたちには優秀な会社員となってほしいという願いがあった。

一方、核家族を覆う壁は高く分厚い。家族を超えて外から当事者の思いを揺さぶる存在はBさんの周りにはいない。

†自己評価と他者評価との乖離

こんな青年がいる。

二〇〇八年当時三六歳（一九七二年生まれ）だった森口太一さんは、ひきこもってはいたが、毎年海外に出かけていた。それも、旧東欧や中近東など、目先の変わった目的地のツアーを選ぶ。海外旅行に行ったという事実が自分の価値を高めると感じていた。

それというのも、かつてある居場所に参加したときに、場を仕切っていた年上の当事者が、海外旅行の自慢話をしていたからだ。いったん会社員になってからひきこもった人だった。

自分もいろいろなところを見に行かなければと強く思った。

「自信がない分、自分を大きく見せなければと思ったのです。今も、特に女の子に旅行体験を話して、すごいね、と言われるとホッとします」

太一さんは母子家庭で育った。貧しかった。幼いとき、母親からは日常的に暴力的な言葉を浴びせられた。小中学校時代、貧しさを理由にいじめを受けた。コンプレックスを抱えた。成績は良かったので、悔しさを跳ね返そうと、有名高校、有名大学への進学を目標にした。

強い自己否定感をもち、違う自分になるために、極度の学習を続ける。それが、メンタルの病を呼び込む。一九八七年、中学三年のときに強迫神経症を発症して、読み書きができなくなった。周囲からはおかしな生徒だと見られたが、担任の教師からは努力不足だと叱責を受けた。ケアを必要としている状態だとは理解されなかった。

高校進学では、不本意なレベルの高校に進んだ。大学こそ一流校に行かなければと、自分を追い込んだ。相変わらず読み書きはできなかったが、目をこじ開けて、視界に飛び込んでくる英単語や社会科の用語などを暗記するという学習方法を編み出し、志望大学に合格する。だが、一週間通学をして家から出られなくなった。

大学は八年かけて、かろうじて卒業した。しかし、抑うつが強く、就職できなかった。

取材当時は鬱病を理由に障害基礎年金をもらい、同居する七〇代の母親の年金とパート収入とで暮らしていた。母親が働けなくなれば、生活保護になると覚悟していると語った。

さらに、ひきこもりの支援団体を通じて依頼される当事者訪問の謝礼が、臨時収入だった。親が、ひきこもりの我が子は同じ立場の人になら話せるかもしれないと依頼してくるのだ。

だが、実際の活動は簡単ではない。経済的に余裕がある人に対して、太一さん自身が怒りを感じてしまう。自分はこんなに苦しい思いをして働いている。相手は、好き勝手にひきこもっていると感じるのだ。怒りを出さないように気持ちを抑え込む。

「それがストレスです」

と太一さんは言った。

逆に訪問先の青年から、うっぷんばらしのように悪意を向けられることもある。だが、支援者の立場であり、対等にことばを返すことは許されない。深い傷となった。

太一さんは、学歴を得ても動けない。だからこそ、臨時収入を貯めて、海外旅行をして自分に付加価値をつけようとしている。そこで自分を社会に押し出していこうとする。

だが、価値観が多様化した現代では、自分の考える価値に共感が得られるとは限らない。

価値がない人は生きられないという思いが、自分と他者との両方に刃を向ける。

しかし、本来人は、価値があるから生きるわけではない。評価される前に人は存在している。「人を切ったり、裂いたり、責めたり、レッテルを貼ったり」して、自らを評価の前に置き続けるかぎり、人は不安から抜け出すことはできない。

†評価する眼差しが家族を孤立させる

さて、隆二さんの次男のBさんは、高校卒業後は家にこもった。高額の民間療法が有効だと聞けば、夫婦で付き添い、新幹線を乗り継いで、泊りがけで連れて行った。当初、Bさんは素直に従った。

だが、いくら医療機関を訪ねても状況は改善しない。医療機関への不信が生まれ、さらには、親への不信を強めた。やがて、自分は病気ではないと言い出して、医療機関を受診しなくなった。

息子が医者に行かなくなってもしばらくは夫婦だけで医療機関を訪ね歩いた。

「医者には、頑張っても父親のようになれないことがお子さんには重荷なのかもしれませんね」と言われたこともある。隆二さんには、どうしようもないことだった。

ひきこもって数年間は、息子は毎年春になると、来年こそ大学に行くと言った。その度に、可能性があるならと、予備校に入学金と一年分の授業料を支払った。一九八〇年代半ば、バブルの始まりの時期、隆二さんは五十代の働き盛りだった。

だが、Bさんが予備校に通うことも、大学の入学試験を受けることもなかった。

一人暮らしをすれば自立ができるかもしれないと言い出した時には、敷金と礼金も含めて、五カ月分の家賃を支払ってアパートを借りた。ところが引っ越しの日、二階から、背広を着て、ネクタイを締めた同世代の男性がトントンと階段を降りてきた。Bさんはくるっと背を向け、そのまま自宅に帰ってしまった。結局アパートに入居することなく、数カ月後に解約をした。

「何かやってみたいと言ってきたら、無理だと思っても、やらせないわけにはいかない。あの時やってくれなかったからと言われても困る。本人の希望を親は潰したくない」

隆二さんは二〇〇九年の取材当時、苦しそうにそう言った。

仕事は、コンビニの店員や宅配便の配達など多数経験してきた。だが、三カ月以上続かない。

「人の指導が受けられない。『君、遅いよ』と言われるだけでショックを受けるんです。

自分の存在を否定されたように感じてしまう。厳密にやろうとして、フレキシブルに対応できない。強迫神経症が出て、トイレの後に何時間も手を洗うようになりました。トイレを親が自由に使えないので、二世帯住宅に改装しました」

次男がひきこもって六年後、二四歳になった時、隆二さんは自分の勤務先に、Bさんが就職したと報告し、扶養家族から外す手続きをした。

その後、アメリカの現地法人に社長として赴任した。妻は、会社の創業記念パーティなど同伴が必要なときに、その都度呼び寄せた。隆二さん自身は、自身の親族の病気を理由にして、年に何度も自費で帰国した。会社に事情は話さなかった。

息子のことを話せないという思いは、隆二さん自身が抱える「ひきこもりは恥ずかしい」というスティグマのような意識だ。それを次男は敏感に感じ取る。家族のなかでの自分たちに向けられる評価が、さらに家族を孤立させる。

†息子からの暴力

次男が三〇歳になる直前、隆二さんは日本に戻った。このときから激しい家庭内暴力が始まった。身内である親が、もっとも怒りを向けやすい対象だった。あらん限りの絶望を体当たりのようにぶつけた。

「何かの加減かでスイッチが入ると、「殺してやる」とすごむんです。目が据《すわ》ってしまう。包丁を振り回して刃がぐにゃりと曲がったこともありました。一時期、家の襖は全部桟だけでした」

襲われたときに逃げられるように、毎晩靴下を履き、靴を抱えて寝た。庭に数万円が入った茶筒を埋めておき、夫婦はあらかじめ打ち合わせをしておいたホテルで落ち合うことにしていた。

「思いが叶わないと、口を曲げて唸りだして、荒れる。親子のコミュニケーションが大事だとかいいますが、そういうときは逃げますよ。親の受けた傷というのはあるんです。二度と子どもとはいい関係に戻れないという気持ちがあります。

でも、そういう話はあまり親の会ではしません。親の会では、希望のある話をしないといけないので」

暴力は数年ほどで沈静化した。

「息子との付き合い方がわかったということもあります。苛立たせない。将来の不安には触れない」

親は、子どもを刺激しないように、日々、気を使う。

Bさんには、自分の名前を消してしまいたいという願望があった。つまり、自分自身の存在を嫌悪していたのは、Bさん自身なのだ。裁判所に行って名前を変えてくるといって家を出ると、すぐに隆二さんは裁判所に電話をする。これから訪ねて行く者に対応しないようにと頼むのだ。

出かけるときは自動車を運転していく。途中で人に会わなければ外出はできる。警察から電話があり、ドキッとしたことがある。ある工場の前でその会社の製品に不備があると書いたビラをまいたという。このときは、警察に事情を話して、許してもらった。相手に非があり、それを突くことに正当性があると思うと、攻撃は容赦がない。正義へのこだわりは強かった。

ある民間団体に息子への訪問を頼んでいた時期も長い。家族以外の人たちと触れ合ってほしい。ひいては、それが社会にでることにつながってほしいという思いがあった。

二〇〇八年当時、一〇分面会をしてもらうのに、一〇〇〇円。一〇〇分息子と過ごしてもらい、その後、親の不安などを聞き取ってもらい、一回一万二〇〇〇円だった。手紙一通書いてもらうのに、五〇〇〇円がかかった。

†他者への評価は差別に転化する

ところで、隆二さんは、海外の文献を読む機会があり、ひきこもりが必ずしも日本の特別な状態ではないことを理解していく。

「Social withdrawalは、日本では「社会的ひきこもり」と訳されましたが、社交からのひきこもりという意味でもあるわけです。むしろ、息子が学校に行けなくなってから三カ月くらいで、適切な治療に結びついていたら、ここまでこじらせなかったのではないかと思います。これは、親の側の問題でもあるんです。親が、障害として受け止められないと、子どもは悪化する。つまり、自分はひきこもりだと言って向き合った人は世間が助けてくれる。でも否認をしている人は助けてもらえない。

問題の所在は、自分たちの中にあった。いちばん苦しむのが自分たちの中にある偏見だと思うんです。自分がこういう病気になってしまったことへの苦しみ。自分の価値が無価値になってしまったことへの苦しみがあると思う。しかし、毎日の暮らしのなかで、障害のある人にだって幸せはある。それはひきこもりも同じで、誰に出会えるか、誰かに親切にしてもらえるかの積み重ねも幸せなのだと思います」

誰かが判断した「価値があるもの」しか生きさせず、「人を切ったり、裂いたり、責めたり、レッテルを貼ったりして評価する」ことは深い差別につながる。

人の価値は何か、産業社会が生み出した根源的な設定に、ひきこもりが触れていることに隆二さんは気づき始めている。

ところで、跡継ぎがいないことが、隆二さんの心労になっている。かつては、長男が結婚をして子どもを産んで家をついでくれるという夢があった。だが、まとまりかけた長男の縁談は何度か、弟のひきこもりを理由に破談になった。長男は独身を通している。

「妻との会話も、孫に関わるような話題は避けている。親もひきこもり状態ですよ。墓を建てるときも、親が急逝して、遺骨の始末に困るのではと心配もしたり。将来、みる人がいないのに、墓を建てても問題の先送りだと反省する気持ちもある……」

残していく次男への世話を長男に頼むことは心苦しいという。遠い親族は更に頼れない。

「我が家では家内が四九歳の息子に下着の干し方や、ごみの分別を、毎日、根気づよく、時には叱咤しながら教えている。洗濯機は二台買った。次男は洗濯まではできる。でも、外に干せないんです。自分の存在を人に知られたくない。自分の衣類が外に出ていることさえいやがるんです」

今のところ、次男が自分で外にごみを出しにいくことはない。

†「息子の人生を諦めきれません」

この日の取材に、四年前に隆二さんから紹介されて、話を伺った望月光男さんも同席をしてくださった。

光男さんは隆二さんと同じ七九歳。一人息子は、七〇年代後半、中学一年で転校したときに、担任教師とトラブルがあり、それが元で不登校になった。ひきこもり歴は三〇年を超えた。

最初に取材したとき、光男さんも開口一番言った。

「親も子も取材が受けられない。自分の存在を知られたくないというのが、この問題の本質なんですよ」

光男さんの長男は、小学校時代、友達は少なくなかった。学力も問題がなかった。

「息子はトラブルがあった日、泣いて帰ってきましたが、親には何も言わなかった。強いて言えば、親に相談できるだけの信頼関係がなかったことが問題だったと思います」

息子がひきこもりはじめたとき、教育委員会に相談し、教員を家庭に派遣してもらった。

中学二年、三年では、勧められて、教育委員会が地方にもつ虚弱児のための施設に行かせた。

「不登校を治すには子育てがうまくいかない親から引き離したほうがいいという考え方なんですよ」

親も責められ、レッテルを貼られている。

息子は元気を取り戻し、高校に進学、卒業した。だが、大学入試に失敗し、本格的にひきこもってしまう。このとき、無理やり通学するよう働きかけることはしなかった。これまで学校に通っていたのだ、基本的な人格形成はできている、少し休むこともいいだろう、そんなふうに光男さんは考えた。

この間妻は、あちこちのひきこもりの子どもを持つ親の会に参加して、積極的に情報収集した。

暴力が出たのは、不登校が始まって一〇年後の二五歳前後だ。一度暴力が怖くてクリニックに連れて行きたい、と電話をしたら「うちにもガラス戸がありますから」と断られた。人は助けてくれないのだ、と思った。

身を守るために夫婦で家を出て、アパートを借りた。

そこに息子から親を責める電話がかかってくるようになった。

「ひきこもりは親の責任だと書いた本がたくさんあります。息子はそれを読んで、自分がこうなったのは、親のせいだというのです。毎晩、一時間から二時間。同じ話を繰り返し、罵声を浴びせ、決して満足しない。無視はしたくない。でも、私も心の傷になるのです。今も息子とは心を開いて話せません」

夜の電話は二年ほど続いた。最後に光男さんは息子に謝罪をした。

「息子は、それなら責めるのはやめると言い、それからはピタリと電話はこなくなりました。ただ、それが良かったのかどうか。それ以後、息子の精神状態は大きく落ち込み、親子の会話はなくなりました」

その後も、子どもによいと思われることは試してきた。三〇歳の頃、ひきこもりの青年を家から出し、集団生活をさせて社会復帰につなげるという民間施設に訪問を依頼した。二年あまり、月に一度、スタッフが訪ねてきた。最初に親と話をし、部屋の前で息子に話しかけ、やがて、息子と顔見知りになった。その後、車に息子を乗せて施設に連れて行った。だが、結局息子は一週間で帰ってきた。集団生活に耐えきれなかったのだ。

「周囲よりも年齢が高く、馴染めなかったのだと思います。若いうちに行かせたら良かったのですが、退職金を待たないと費用が捻出できませんでした。それでもあの子が一週間、家を出て、外の空気を吸うことができて、良かったと思います」

父は財産を投げ打ち、あらん限りの知恵を絞り、息子の未来を作ろうとした。

「現在の息子と社会の接触は、ネット販売で買った品物を宅配業者から受け取るときです。宅配便が来る日には風呂に入り、洋服を着替え、髪をとかして待っています。お医者さんには「やれることが減っていく病気なので、できることは本人にやらせてあげてください」と言われています」

ひきこもりが長期化するなかで、始終もがきながら、徐々に力を失っていくようにも見える。

二〇〇九年当時、光男さんは言った。

「息子の人生を諦めきれません。ひきこもりはそれまでできていた能力がごっそり奪われる、病気のように見えます。それならいつかいい薬ができて元気にならないとも言えない。希望だけはすててはいけないと思っています」

それから五年の年月が過ぎ、再会した光男さんは齢を重ね、おだやかな笑顔を見せた。だが、息子の状態は良くないという。

「今まで息子は、歯が抜けて痛くても歯医者には行きませんでした。高熱が出ても我慢をする。それでなんとかしのいできました。でも、年齢が上がると我慢ではすまなくなるんですね。

先日、ある検査で命に関わるような数値が出て、このまま放置すると大変なことになるというので、内科医に連れて行きました。医者との言葉のやり取りはできるが、病院の雰囲気が怖くて、医者にかかれない。医者のかかり方教育が必要だと思いました」

長期高齢化したひきこもりへの支援は、経済問題だけではないと光男さんは言う。

「このままいけば、成年後見人を必要とする独居老人と同じです。ゴミを捨ててもらう、食べるものを買ってきてもらう、親に代わって誰がどのように支援をするのか、社会は、その仕組みを早く作って欲しいです」

一方で、こうも言う。

「二〇一〇年のガイドラインにより、発達障害や自閉症スペクトラム（ASD）とひきこもりの関係の知見が広まりました。社会的にもそのことが受け入れられ、四半世紀前の状況とは大きく異なります。息子や、私が関わってきた親の会を通じて知った当事者たちが、今の時期に思春期であったならと、哀れでなりません」

隆二さんと光男さんは、顔を見合わせた。そして、隆二さんは言う。

「私たちの世代は、子どもたちのワーストケースを予見して、七〇歳近くまでアルバイトし、倹約して、当事者の彼らが自然死できるまでの最低限の蓄えは残そうとしてきました。親には我が子の扶養義務がある。九〇歳になろうと、一〇〇歳になろうと。子どもに生活力がなくて、親にあれば、支援をするのは責任だと思ってきました」

「子育て」は永遠に終われない。だが、こうも言う。

「デンマークからひきこもりの取材にテレビ局のクルーが来て、取材に応じたことがあります。消費税が二五パーセントのあの国では、二〇歳を過ぎて、自立ができなかったら、国家が面倒を見ると聞いた。これからは、あなたの人生ですということのようです」

光男さんはこんな風につぶやいた。

「日本の見えないイエ制度、これが大きな課題です」

第六章

見えないイエ制度

――自己卑下という地獄

†ひきこもりからの生還

二〇一〇年の『週刊朝日』での連載時に話を聞いた方たちの中で、もう一人、二〇一四年になって墓を作った人がいる。岡充さん（仮名　四八歳　一九六六年生まれ）。ひきこもり当事者だ。

久しぶりにお会いすると、襟元できっちりとシャツのボタンを留めている様子や、京訛りの穏やかな話し方や、おっとりした風貌、笑顔と礼儀正しさは以前のままだが、短く刈り込んだ髪に白いものが増えていた。だが、以前はあった口元の緊張は取れている。

充さんが購入したのは、都内の寺が売り出した永代供養墓、六基だ。実家は京都の旧家だが、お墓を東京に移すことになった。

「骨壺でいえば六人分です。祖父母と父と母と自分のために五基。あとは、三〇〇年前からの墓が四一基あるのでそれを一つにまとめます。

去年、地元の墓を管理していた人が隠居をしました。そうしたら草だらけになってしまって。父方の伯母から電話があって、何とかしろと。それで、墓を更地にして、永代供養をすることにしました」

神式の墓だったが仏式に変える。そのために、充さんは仏教の本を図書館で借りて読んでいると言った。

充さんがひきこもっていたのは、二八歳から三九歳までの一一年間、九四年から二〇〇五年までだ。いったん社会にでてからひきこもった。

充さんは、二〇〇五年に東京に出て治療を受けた。「鬱」と「社会不安障害」という診断名をもらっていた。それが治療を受けて、楽になった。

「僕の場合、薬が効いたのが三分の一、カウンセリングが三分の二でした。今も薬を飲み、自助グループに参加しています。寛解と呼ばれる状態で、完治はしないかもしれない。また、精神のバランスが崩れることもあるかもしれない。でも、そういう時は助けてもらえばいいんです。民間の支援団体でも、クリニックでも、保健所でも、今はいろいろありますからね」

初めてお会いしたとき、充さんは一つひとつの質問にその都度ゆっくりと自分の内側を覗き込み、言葉を探して、正確に答えようとする姿勢が印象的だった。繰り返しの長時間のインタビューの間、お茶や食事をご一緒した。美味しいものに目がなくて、ごく自然に味や香りについて、感想を口にした。例えば、都内のクラシックな喫茶店ではこんな風に言った。

「フレーバーティーですね。花の良い香りがこのカップにあっている。これで砂糖の質がいいと完璧ですね。私たちの「居場所」でもフレーバーティーを楽しんでいるんですよ」

自分が何を感じているか確認し、人に伝える。それは、他者の評価を恐れる人たちにはとても難しい。充さんはその姿勢を治療を受けつつ身につけてきた。最初の取材で充さんは言った。

「ひきこもりの中で、治療を受けたり、支援を受けたりしても状況が改善しない人はとても多いですよ。自分の周囲にも、自殺をした人もいます」

別のひきこもり関係者からもこんなふうに聞いた。

「ひきこもりの末に自死をしてしまう若い人たちがいます。でも、親は周囲に言いません。正直、親はそれでホッとすることもあるんです」

「ひきこもり」は、一定の〝治療〟を受けたからといって確実に回復するわけではない。

充さん自身が自殺を生き延びた当事者だ。充さんが人とコミュニケーションを取り戻し、生き延びる意思を持つまでに、どのような体験があったのだろうか。

†千年の系譜をたどれる京都の名家に生まれる

充さんの家は、京都で一〇〇〇年前まで系譜を辿れる。父は名前の通った会社の社員で、母は中部地方の、やはり名家の出身で、社内恋愛だった。実家の墓は、一族が三〇〇年前にその土地に移ってきた当時からのものだった。

充さんは、幼いときから、それなりの大学に入り、企業に就職し、しかるべき家柄の女性と結婚して子孫を残すことが自分の役割だと感じてきた。

幼いときから、母親が家庭の中で幸福ではないと感じていた。母は舅、姑との確執を抱えていた。母の、充さんへのしつけは厳しかった。父は会社から帰ると、座敷で推理小説を読み、好物のあられを食べていたが、妻や子どもに話しかけることはあまりなかった。

充さんの家の中はいつも整い、ひっそりとしていた。充さん自身、大人に自分の気持ちを聞いてもらった経験はない。

「小さいときから、家族の中で、楽しいこと、悲しいことを分かち合った経験がありませんでした。自分の感情さえ分かりませんでした」

小学校に上がり、しばらくすると、母親が新興宗教を信仰するようになり、しつけが緩んだ。それと前後して、友達と遊べるようになった。

それが、中学時代になると、同級生から激しいいじめにあってしまう。トイレの個室に入ると、上から水を掛けられた。

このころから、いつも金魚鉢の中にいるような、自分の行動に実感がともなわないような離人感を抱えていた。その解離的な傾向（辛い体験から自分を切り離してしまう防衛反応）は、四〇歳近くになり、東京に出てくるまで続いた。

高校時代には体育の授業で教員からの体罰も体験した。ぼんやりしていると、突然、膝がガクンとなるほど殴られた。

高校をかろうじて卒業すると、力が尽きたように、二年ほどひきこもった。その後、私立大学に入学。経済学を学び、卒業後は、警備会社に入った。

ちょうど関西空港が開業する時期で、採用人数が多かった。だが、同僚にとけ込めず、パワハラも体験する。ちょっとしたミスで、上司に繰り返し激しく叱責された。ますます緊張して、ミスを誘発する。上司の異常なほどの叱責は、上司自身が追い詰められていたのかもしれない。

最後の出勤の日も、上司から罵声を浴びせられて、惨めな気持ちでいっぱいだった。制服を返し、職場のビルを出た時、激しい倦怠感に襲われた。

自宅に帰り着くと、倒れるように寝込み、以後、半年間起き上がれなかった。体力と気力がすこし回復すると、いじめた相手に激しい怒りが湧き上がった。同時に要領よくできなかった自分を責め続けた。

肺や胃が詰まったような感じで、ものが食べられない。大学病院や公立病院を回ったが、どこにも異常はないと言われた。

ミニバンを運転して、遠くまで食事に行くことと、本屋での立ち読みが楽しみだった。山奥の道路を時速一〇〇キロで走り、タイヤを鳴らすことに快感を覚えた。それは自分の力を確認できる数少ない機会だった。

定期的に献血に出かけたのは、小学校四年の時から、家族で信仰することになった新興宗教に「人にいいことをすれば、必ず自分にもいいことがある」という教えがあったからだ。だが、美味しいものを食べ過ぎたせいか、血中酵素が基準値を超えて、採血してもらえなくなった。

そこでダンベルで身体づくりを始めた。精神を鍛えるためにも、身体を鍛えようと思ったのだ。プロテインを飲み、身体の改造に情熱をかたむけた。

自分の身体もまた、思い通りになる数少ないものの一つだった。

†「本家の跡取りなのにひきこもっている」

ひきこもって二年目、他県の精神科のクリニックを受診した。地元を避けたのは、精神的な治療を受けることは隠しておきたいという思いが強かったからだ。脳の病気だと診断がおりるのが怖くて、問診票に正確に記入できなかった。そのためか、軽い鬱だと診断される。薬の処方は断った。カウンセリングのみを受け、三カ月ほどすると、抑うつ感が弱まった。思えば、自分自身のことを他人に話すのは、幼い頃も含めて初めての体験だった。

体調がよくなったと感じると、すぐに仕事を探した。車の運転が好きなので、トラックやタクシーの運転手に応募した。どの仕事にも採用されるが、勤務が始まると間もなく、不安や倦怠感に襲われて続けられなかった。

大学卒業後勤めた大手警備会社での経験があったので、病院や大型店舗の警備の仕事にも応募して採用された。だが、すぐに動けなくなった。

同僚と「世間話をしなければ」と思えば思うほど、何も話せなくなり、身体が重たくなった。

仕事を辞めるごとに自信が低下して、鬱状態が悪化した。数カ月後、就労は諦めた。

時々顔を見せていた小中学校時代の友達が、「なんとか働いてほしい。そうじゃないと、僕まで怠け者と思われる。君が働かないなら、僕はもう来ない」と言った。実際、友達は顔を見せなくなった。

男性は働くべきであるという規範は強く、働けない者への否定的な視線は強い。周囲の目が、当事者をさらに不安にして、追い詰める。

「本家の跡取りなのにひきこもっている」という思いで恥ずかしく、親族に会うことが苦痛だった。

年月が過ぎても、元職場のいじめが忘れられなかった。真夜中に悔やしさのあまり一回だけ思い切り壁を蹴飛ばした。深夜にラジオを大音量で流したこともあり、数軒先の家の主人が怒鳴り込んできた。社会に怒りを向けることができなかった。

†自死への憧れが強まる

近所でも、充さんがひきこもっていることが知られるようになっていった。気持ちが落ち込んでいるときは周囲の目がひどく気になる。次第に充さんは隣家から見張られているという幻想に捕われるようになった。巨大な手荷物検査のX線の機械のようなもので家の中を丸ごと見られているような感覚だった。

次第に死を願うようになっていく。一時期話題になった『完全自殺マニュアル』などの書籍を手元に置くようになった。一方で、元気になって親の願いをかなえ、世間にも顔向けができるような仕事に就きたいという思いも強かった。自分を許すことができなかった。

それから間もなく、母方の祖父に認知症の症状が出た。徘徊や祖母への暴力もある。祖父母と一緒に暮らしていた叔母（母の末の妹）が、祖父を老人ホームに入所させた。ところがそれをきっかけに、祖母が老人性鬱病を発症してしまう。仕事で忙しい叔母に頼まれて充さんが泊まりに行き、話し相手になった。

祖母は、祖父の面倒を見ることが自分の仕事だと思っていた。ところがその役割が果たせなくて落ち込んでいた。そんな気持ちを繰り返し充さんに話した。祖母は自分の思いを話して楽になったのか、顔つきが穏やかになった。

だが、充さんは逆に祖母に合わせて自分を抑えこむ生活に精神状態を悪化させてしまう。祖母を置いて帰宅して三週間後、祖母が自死をした。

だが、母は実母の自死を夫にも充さんにも話さなかった。母は体調を壊し、入院した。

父はそんな母を見て、不機嫌になり、家の中が整頓されていないと叱責した。

祖母の死から一年ほど経った二〇〇二年、母は家を出て、家族で信仰している宗教のお寺で暮らし始めた。週末だけ帰ってくる母親を充さんは車で送迎した。充さんは、三六歳になっていた。

あとで聞いた話だが、母はこのとき、離婚をしようと思って、叔母に相談をしていたという。だが、決断できなかった。

この頃から充さん自身は、ますます死にひかれ、身辺整理を始めた。小中学校時代の習字や絵画、幼い頃からのアルバムや卒業アルバムなどを全部捨てた。手元に残したのは、車の運転に関する雑誌や本だけだった。

「父のことを思うと仕事を得て、所帯を持たなければと思う。でも、夜になると無理だと思う。その繰り返しでした」

ところが自死では、母に先を越される。

翌夏、母は久しぶりに家に帰り四日間過ごして掃除をした。たくさんのゴミ袋を捨てていた。ようやく元気になったと安心した。その夜、お寺の宿泊所に送ると、母は泣き笑いの顔で、「ごめんねー、ごめんねー」と謝った。表情のある母を見たのは久しぶりだった。

少し意外な気がした。

　翌朝、七時半に警察から電話があった。橋から人が飛び降りるのが目撃された。川を探すと、赤い鞄が見つかって、母の名前が書かれた宅配便の送付用紙の控えが入っていたという。父と二人、何かの間違いだと話し合いながら、家で待った。夕方、母の遺体が川から上がったと連絡があった。警察署内の安置所で対面した母は、白い帆布のシートに包まれていた。母の寝顔など、長い間見たこともなく、顔を見ても、似てはいるが、母だとは思えなかった。感情は真っ白だった。

　翌日が通夜、翌々日が葬儀だった。だが、充さんの身体がどうにも動かない。涙が止まらず、その姿を人に見られることが極度に苦痛だった。強い恥ずかしさがあった。「仕事をして家庭をもち、家を継ぐ」という規範を守れない自分を責めていた。通夜の間、家に一人でこもり「自分自身の自死の決行」を思い続けていた。

　葬儀の当日は、いつかテレビで自殺の名所として紹介されていた、福井県の東尋坊を目指すことにした。だが、いったん車で走り出したものの、地図を持ってこなかったことに気づく。そのまま、信仰する教団の本部のお寺の本堂に向かった。そこで、深夜まで母の成仏を祈り、家に戻った。

夜、火葬まで済ませた父が帰ってきた。息子を見ると「不義理をしたな」とだけ一言言った。

どういうわけか、このときから、充さんは、母の代わりに父親の世話をするのが、自分の役割だと思うようになった。同時に、母の死をどのように受け止めたらいいのかわからなかった。

疲れやすく、胸がつぶれたような感覚がぶり返した。父の助言で精神科に通ったが、改善しなかった。

†自殺決行——山桜の樹の下で

一年半後、父と話し合い、老人ホームに入所してもらった。そして、自分は就職先を探した。〇五年二月に警備会社への就職が決まる。土地と家を売却する手続きを取った。三〇〇坪ほどの土地が更地になった。祖先がこの地に住み始めて三〇〇年が過ぎていた。

再出発のお膳立てを整えたのだが、どうしても、倦怠感が抜けず、気力がでない。結局就職を辞退した。すでに三八歳。こんな自分が生きていてはいけない。再び自殺を考えた。決行することをほぼ決めた。

父を老人ホームに入所させて二日後、リュックを背負って家をでた。父が当座の生活費として手渡してくれた四〇万円が手元にあった。

死に方は決めていた。山奥の人気のないところに行ってロープで首を吊ろう。プロレス技のスリーパーホールドを自分に掛けたら、あまり苦しまずに逝けるだろう。

三月に入ると、登山鉄道を使って山奥に入るなど、死に場所を探し歩いた。なかなか思い通りの場所がなく、安価な宿を泊まり歩いた。

二カ月弱放浪して、四月中旬に静岡県浜松市内の書店で立ち読みしたガイドブックには、石川県にも単線の鉄道があると書かれていた。そこで、福井に向かい、そこから金沢に移動し、電車に乗った。山の中の駅で降り、ハイキングコースを歩き始めた。脇道に入ると、日当たりの良い、気持ちのいい斜面に出た。その後、四、五回通い、自殺決行の場所をその近くに決めた。決行は四月二七日とした。

二六日の晩、弁当屋を探したが、閉じていた。仕方なく、近くの寿司屋で握り寿司を食べた。

当日、午前中にホテルをチェックアウトした。コインロッカーに荷物を預けると、水とパンとシートを詰めたリュックを背負った。一万円札を防水パックに入れてリュックの隅に丁寧にしまった。自死後発見された時に、コインロッカーを開けるときなどの費用に使ってもらうための心づもりだった。

山頂から目当ての斜面を下り始めると、まもなく日が暮れた。木の根元にシートを敷き、野宿の準備をした。パンを食べ、水を飲んだ。キツツキが寄ってきたが、しばらくすると飛んで行った。

日が落ちると周囲は真っ暗になった。風が山頂から音を立てて、吹き下ろしてくる。笹がカサカサと音を立てる。生き物がいる気配がした。獣に齧られて死ぬのではないか。そんな恐怖にかられた。

夜中の一時頃になって、自然に涙が出てきた。長男なのに、親の期待に添えなかった。死のうとするのは、信仰している神様に申し訳ない。

風がゴーッと激しい音を立て、しばらくすると止み、また、ゴーッと音を立てる。空は晴れ渡り、満天の星がきらめく。麓に目をやると、家の光が瞬いていた。

「温かい光で、家族が団欒しているのだと思いました。死ぬのはやめて生きてみようと思ったり、気持ちが揺れました」

明け方には「やはり死のう、と気持ちが固まっていた。残っていたパンを食べ、水を飲むと、パンくずなどを地中に埋め、注意深く野宿の跡を消した。探されたくなかった。醜く死んでいる姿を発見されると思うと、耐えられなかった。

一時間ほど斜面を下る。心は真っ暗で、体は人を一人背負っているくらいに重たかった。昼ごろ、綺麗に枝が張り出した山桜を見つけた。根元に苔むした石があり、周囲には野草が咲いていた。死ぬのはここだと決めて、木にもたれて座り込んだ。

急がなくてもいい。そう思って、しばらくそこに座っていた。午後四時をまわったので、枝にロープをつけて準備を始める。顎がうまくのるように、足が地面につかないように。意外に時間がかかった。再び座り込む。ふと、踏み台を忘れたと思った。踏み台があれば、簡単なのに……。

死の恐怖は遠ざかっていた。瞑想状態になっていたのかもしれない。そのとき、二〇〜三〇メートルほど離れたところに、モズより少し大きい鳥が止まっていることに気づいた。枝に逆さにぶら下がって、こっちを見ている。

「普通の野鳥なら目が合うと飛んでいくのに、その鳥はそこにいて、鳴き続けていました。何かメッセージがあるような感じでした。突然、自分が信仰している宗教のお寺だったら、ボランティアをしながら生活をしていけるのではないかという考えが、フーッと胸のあたりから浮かんできました。それまでずっと頭で考えて、このままでは生きていけないと思っていたのですが、胸のあたりから考えが浮かんだのは初めてでした」

自分に課された規範を生きるのとは違う生き方があるかもしれない。そのことを体で充さんは感じた。

そのまましばらく座っていた。「お寺でやり直してみたい」という思いは消えない。何か、大きな存在に見守られているような感覚があった。

「一度やってだめだったら、また、ここに帰って来ればいい。この山桜が待っていてくれる」

そう思い定めると、充さんは息を深く吐き出し、リュックを背負い、山を下りた。

†道を見つけ出す

捜索願を出していた父は、憔悴していた。お寺では信徒たちが無事を祈り続けてくれていた。三日ほどそこで過ごし、今度は自分の未来を考えるために、旅に出た。

それから五カ月間、大阪の安宿に泊まり図書館で本を読んだ。なかでも、家庭環境から生きづらさを抱えている人の治療について書かれた本が心に響いた。その著者の治療を受けたいと上京を決めた。

病院では抗鬱薬と抗不安薬を処方された。二年間のカウンセリングを受け、「回復」を実感した。

充さんはそれまでの人生で、自分は生きる価値があるか、あるいは役割を果たしているのか、値踏みされ、自ら値踏みをし、苦しんできた。

だが、充さんが生きたいと心底願った時、つまり丸ごとの命を他ならぬ本人が受け入れた時、自力で道を見つけ出すことができた。

「あの鳥は、僕を守ってくれている守護霊かもしれないし、信仰する神様かもしれない。もしかしたら、母だったかもしれません」

長い間自分を縛っていたのは家系を守る責任だった。母も祖母も、イエを守るという規範に従いきれない自分自身に苦しんで自死をしたとも言える。

†東京で居場所を見つける

充さんが上京して小さなアパートを借りてから既に九年になる。

京都で老人ホームに入っている父の元には年三回、定期的に通っている。

週末にはひきこもり当事者の会に参加している。発起人の一人として月に二〜三回はリーダー役を務めている。

「アルコール依存症当事者のための治療集団に、ＡＡ（アルコホーリクス・アノニマス）というのがありますが、私たちはそれにならって、ＨＡ（ひきこもり・アノニマス）と呼んでいます。二〇一〇年一二月に治療仲間と始めました。

ＡＡには一二の治療ステップがあり、私たちもその方法を応用しています。お互いの状況を話しっ放しで聞き合います。メンバーには非常勤の私立高校の先生やひきこもり経験のある塾の先生などもいます。皆独身の男ばかり。一人暮らしだけでなく、母親と暮らしている人もいます」

キリスト教の教会関係や企業が社会貢献の一環として貸している会議室など、無料で使える場所を探して使っている。

自助グループとしての活動をした後に、顔なじみの仲間たちと、安めの喫茶店やファミレスで食事をしたりお茶を飲んだりして帰る。

週に一度会うと気晴らしになる。ここが充さんの居場所になっている。

治療には今も月に一度通っている。精神障害者として障害者手帳の交付を受けており、交通費や医療費は安くなる。

「東京に出てきた時は不安でした。でも、過去のことや未来のことを考えると、焦って、気持ちが浮き足立ってしまいます。今のことだけを感じて考えるようにしています。

ずっと自分にダメ出しをしてきましたが、今は自分へのダメ出しもしません。それは、カウンセラーの方が尊重してくださったおかげでもあります。中学時代から続いていた、金魚鉢のガラス越しに世界を見ている感じはなくなりました。自分の中で世界が広がっていくと感じられるようになりました」

もっと若い時に金魚鉢から出して欲しかった、と充さんは言う。「学校時代に自分の気持ちを相談できる先生がいたらよかったのにと思います」

†社会の資源を使って生活を組み立てる

就労についても努力を重ねてきた。二年ほど前には、三カ月間、職業訓練校に通い、介護士の資格を取っていた。

「クラスは三〇人ほどで、いろいろな人に会えて楽しかったです。京都にいた頃は、人が怖くて、学校に行くのは無理でしたが、今は人と一緒にいることを楽しめます」

もっとも、実際に働き始めると、続かなかった。

「鬱なので、早番、遅番、日勤というサイクルには体力に限界を感じました。ケアレスミスが出てしまって。最後の日には、おばあちゃんの服薬を間違えてしまった。看護師さんが来てくれて、問題はなかったんですが。鬱では夜勤は無理だと思いました」

一つひとつ自分ができること、できないことを確かめてきた。

「親元を離れることは重要です。そうすることで自分自身で感じたり、考えたりできる。東京で独り暮らしを始めてから、インフルエンザで三週間寝込んだことがありました。胃腸炎で苦しんだこともあります。しだいに、病気のときには、自分はこうなるということが分かってくる。どれくらい寝込むかとか、食事を買いに出掛けるにはいつがいいかとか、分かってくる。

近所のお医者様に行ってみたら、とても丁寧に見てくださった。

家族の中では、自分の病気を確かめるような体験ができませんでした。何事も経験です。家を離れてこそ、自分が感じたままに行動できます」

自分の体の中から生まれてくる声を聞きながら、社会の資源を使って生活を組み立てる。

それは生活の創造（クリエーション）だ。

現在は経済的には、父親の支援を受け、自立支援医療制度で鬱病を治療する。最低限の生活費で暮らすすべをいつも考えている。

「無料で身体を鍛える方法もあるし、八〇〇円で髪をカットしてくれるところもある。都営のバスや地下鉄の無料パスを使って移動できます。無料で動く方法をうまく組み合わせると、勉強会にもお金をかけないで行くことができます。お金がなくても、自分らしく生活をする方法はある。どうしても動けなくなったら、生活保護制度を使っても良いと思います。生活保護で、落ち着いて計画的に暮らしている方にもお会いします。今のお金で一生やっていけるわけではないと思いますが、心配していません」

もっとも働くことも諦めていない。新年度になったら、特別介護支援施設の支援員に応募したいと思っている。

「先日「ヒューマンライブラリー」という活動に参加しました。障害を持つ人が「本」になり、そのことについて学びたい「読者」と、一対一になって、話をするというものです。そんなふうに当事者の体験を聞かせてもらうのは、とてもよかったです」

この活動で重度の心身障害者である二〇歳の女性とその両親に出会った。

「ご両親の話を聞き、この女性が特別介護支援施設に通っていて、大勢の支援者が必要だと知りました。お母さんに、興味がありますと言ったら、見に来てくださいと言ってくれました。彼女は胃ろうなので、支援者はその対応や管の洗浄もしないといけないそうです。でも、介護士の資格を取るときに、その訓練を受けたので、自分にもできるんじゃないかと思いました」

四年前より、積極的で明るい表情をしている。

「あまり考え方がマイナスに大きく振れることはなくなりました。年配のひきこもりの人たちは焦りが強いです。若いときと同じように、一度で良くなろうとする。あせりで消耗してしまうんですね。だから、僕はゆっくりやりたいと思います」

かつて、充さんを苛んだのは、歴史のあるイエを支えなければならないという、家族が抱えてきた規範であり、それに応えることができない自分に絶望したともいえる。今はこんなふうに考えている。

「自分の家はたまたま一〇〇〇年辿れるというだけです。誰だって一〇〇〇年前の祖先がいるわけですし」

「イエ」という形で家族をつなぐのではない、新しい時代が始まるのかもしれない。

第七章

ひきこもりの女性たち——家族が解体されるとき

†四人の男性と交際する

五月の爽やかな午後、東京近郊にあるファミリーレストランで、田口まゆみさん（四二歳　一九七三年生まれ）と、待ち合わせた。にこやかで、おっとりした方だ。

だが、レストランに入る前には、エントランスの手前で私に携帯電話を掛けてきて、席を確認していた。無用に人の視線にさらされたくないのだ。本当は、この上もなく緊張しているのだろうと思われた。

思いを外に見せない術を身につけている、と思った。もっとも一〇カ月ほど前にお会いした時より、疲れも見える。数カ月前から体調を壊して、鬱病の症状が出ているということだった。まゆみさんは十代で免疫不全の難病を発症し、現在も服薬している。併せて鬱病の薬の投薬を受けている。その量が少し増えているそうだ。

二〇一〇年に三七歳で仕事を辞めてから三年間ひきこもった。ゲームをして過ごした。あとは寝ているか、食事をしているか。寝巻きを着替えず、風呂にもはいらなかった。今も風呂に入るのに気合がいる。ギリギリの気持ちを整理して覚悟を決めて、ようやく風呂に入る。

まゆみさんがひきこもっていたころ、パートで働いていた母は具合を悪くしていた。だが、いくら父が受診を勧めても病院に行かなかった。昨年春、見かねた父が医療タクシーを呼び、無理やり母を乗せて病院へ連れて行った。難病だと診断され、即時入院となった。

母親と離れた時期、まゆみさん自身は、少しずつひきこもりから脱していた。このころ、当事者の会に出席していたまゆみさんに私はお会いした。

母親は、昨年暮れに退院して、自宅で寝たきりの状態で過ごしている。その状態で、少しずつまゆみさん自身の抗鬱薬が増えている。

父は、退職後も若い時から働いてきた設計事務所で嘱託として設計の仕事をしており、毎日ヘルパーか看護師が来て、母の食事などの世話をする。父と娘の食事は父が作るか弁当だ。まゆみさんは、毎日来る介護者を受け入れたり、母の体位の交換をしたりする。

「自分は親を看取らないといけないと思っている。娘でいたいというか、親の面倒を見る役割だと思っている」

とまゆみさんは言った。田口家の娘でいることが最も大切なことなのだろう。一生懸命、日々を過ごしているように思えるが、まゆみさんはひきこもっていると言って自分を責めた。

「体調不良と母の介護を言い訳にしているんですよね。そのことはわかっているんです。私はこれまで努力をしてこなかった。自分は価値のある人間だと思えないんです」

自責感、恥ずかしさ、自分を肯定できない思いが、まゆみさんを苛んでいる。介護をしていると、具合が悪くなるという。

まゆみさんの最大の自責の気持ちは、四人の男性と交際をしていることから来る。

一人は清掃の仕事をしている彼で、つい最近、付き合い始めた。もう一人は一〇年来付き合っている会社員の彼で、何でも話すが、性的な関係はない。自分をよく知っていてくれる存在だ。もう一人は元職場の男性で、性的な関係がある。あと一人は、FB(フェイスブック)で知り合った。時々一緒に出かけ、性的な関係もある。

「セックスをしているときは、嬉しいのですが、その後は、寂しくなります。それに、いつまでもこんなことを続けているわけにもいかないという気持ちになります」

孤独を埋めてくれる人を必要としながらも、一緒に未来を作る相手として考えることはできない。

まゆみさんは、一人っ子だ。小学校までは活発で学校の成績は良かったそうだ。設計事務所勤務の父。クリニックで事務長として働いていた母。家のことは父方の祖母が担った。

母と祖母は仲が悪かった。父と祖母は仲が良かった。まゆみさん自身は、パパっ子で、母のことは嫌いだったという。

「母に甘えたことはありませんでした」

母親は家族の中で孤立していた。日々の生活を淡々と送っていた母をまゆみさんは、「強い人」と言った。

父は祖母の期待には添わない仕事に就いた。

「それで祖母は、私に期待をするようになったと聞いたことがあります」

一家のなかで、まゆみさんが家族を成り立たせる要の役割を果たしていた。

まゆみさんは、中学二年のときに、不登校になった。ブラスバンド部の部活でのトラブルがきっかけだった。両親からも祖母からも、登校を強制されることはなかった。同じ頃、四十代半ばだった母がクリニックの事務長の仕事をリストラされている。母はパート勤務に変わった。

高校は通信制に進学した。週に一度スクーリングとして登校し、授業を受けた。だが、そこにも通えなくなった。大学入学資格検定試験を受けて、大学受験資格を得た。

その後、一九歳で難病を発症して、二カ月半入院した時には、医師には、鬱になりやすい病気だと言われた。

二六歳になり、専門学校に入学、情報処理を勉強した。だが、二八歳で卒業したとき、就職活動はしなかった。二〇〇一年当時は、就職氷河期だった。家庭の経済力はまゆみさんの生活をみるのに困難はなかった。

この時期、まゆみさんは恋愛を繰り返している。寂しい気持ちがあり、誰かに愛されたい気持ちがあった。だが、結婚をすることには積極的ではなかった。

「母は恋人ができたらすぐに家に連れてきてね。と言いました」

一度、このまま結婚するのかなと思った相手がいた。

「カンボジア人の彼で優しい人でした。彼は私の自宅に一年足らずいました」

彼が家にいた間、食事作りは祖母と母が交代で行っていた。家族とカンボジア人男性との関係は悪くなかった。だが、やがて、まゆみさん自身が様々な男性とつき合い始め、結局、彼は出て行った。

周囲の期待通りになれる時には、まゆみさんの体の中の何かが反発する。

その後、二〇一〇年に仕事を辞めるまで、短期と長期のバイトを繰り返した。最後の二年間は携帯電話の小さな部品を扱う検査の仕事だった。その部品工場で知り合った男性とも恋人関係になった。

「私は遊びではは人と付き合えないんです。愛されたい。セックスが好きというより、その瞬間だけ、ホッとするんです」

まゆみさんが仕事を辞めたのは震災の少し前、九〇歳を過ぎた祖母が亡くなった頃と前後する。働いていた頃は、家を出て一人で暮らそうかと思ったこともあったそうだ。だが、祖母が亡くなり、それも思わなくなった。

その後三年ほど、ひきこもった。さらにしばらくして、母の病気が悪化した。

その頃からこのままではいけないと思い、外に出るようになった。

新しい恋人を繰り返し作る。好きだとも告白する。しかし、それ以上、自分の欲求をぶつけない。

「そんなことを言ったら、嫌われてしまうから。自分のことなんかなんとも思っていないのだと思う。気まぐれに誘っているのだと思う」

そうまゆみさんは言った。女性の友達で親しくつき合っている人はいない。

「そろそろこんなことをやっている齢ではないと思う。そのうちに誰からも相手にしてもらえなくなる」

まゆみさんが自分自身のために、未来を生きることは難しいのだろうか。

†社会を構築する「標準」

ボーイッシュで清潔感のある鈴木光恵さん（仮名　三四歳　一九八〇年生まれ）には、都内にある居場所、「人の泉・オープンスペース〝Be！〟」で出会った。

「他の居場所も利用していますが、久しぶりに行くと、新しい人間関係ができていて入りにくい。ここは、いつ行っても当たり前に迎えてくれます」

「オープンスペース〝Be！〟」を主宰する佐藤由美子さんは次のように言う。

「社会では「自立」を「経済的自立」と捉える傾向がありますが、就労に至るずっと手前で自分自身に困惑している人はとても多いのです。その困惑を緩めて、時間をかけて寄り添うサポーターが必要です」

「オープンスペース〝Be！〟」は、家族とは別に、個人を支える役割を担う。「最近は公的に、少しずつわかりにくい困難を抱えた人たちへの支援も始まっていますが、十分ではありません」

光恵さんもまた、自分自身への困惑を抱える。その背景には三歳で難病を患った経験がある。

一般に、幼い時に重篤な疾患を抱え、医療の進歩によって生き延びることができたものの、年齢を重ねるなかで、生きにくさを抱えてしまう例は少なくない。

重い治療を受けたために、成長の道筋が一般の人たちと変わってしまう場合がある。手術などの治療の過程で被った負担から重い疾患を抱えてしまうこともある。生命の危機を体験したことから、精神的な困難を呼び込むこともある。

光恵さんは、家から離れた都会の病院に入院したが、両親は不仲だった。闘病を母親が一人で支えた。

サラリーマンだった父親は九時から五時まで働く以外は真っすぐ家に帰ってきて、一人で酒を飲んでいた。妻とも娘ともうまくいかなかった。父親もまた、偏りを抱えた人だったのかもしれない。

母親からは、実家との関係が良くなかったので、家を出るために父親と結婚したと聞かされて育った。母親は現在、甲状腺を病むが、「あなたの看病が大変だったから病気になった」と幼い時から言われてきた。さらに「あなたが病弱だから離婚ができない」と言われていた時期もある。

母親は不全感を抱え、夫からの支えを得られず、子どもに支えてもらいたいという意識をもっていた。母子密着は強かった。

「母も大変だったことはわかります。でも、子どもに言って良いことと悪いことがある」と光恵さんは憤る。母親との葛藤を抜け出せずにいる。

両親が離婚したのは、光恵さんが二一歳の時だ。

†子どもに必要なのは正しい情報

一方、光恵さんの成長期、闘病への子どもの負担についての研究は進んでいなかった。

「今では闘病する子どもに病気のことを本人に分かるように伝えることも多いようです。でも当時、母は子どもには病気のことは話すなと医師から言われていました。私は何も知りませんでした」

小学校に上がった時、自分には日常だった入院生活が特殊であること、周囲の子どもたちが体験している幼稚園や保育園には通っていなかったことなどに気がついた。周囲との違和感を抱え込み、友達ができなかった。そんななかで喘息を発症した。

学校はよく休んだ。母は、勉強が遅れることにはこだわったが、体育や遠足、運動会などは積極的に休ませた。授業についていけなくなり、成績は悪かった。

やがて父の勤める会社の経営が悪化して、経済的にも不自由になった。病気を抱えた母がパートに出ることはなかった。

父も母も関東の光恵さんが育った町の出身で、近くに親族がいたが、父方の親族との付き合いはほとんどなかった。母はよく車で光恵さんを自分の実家や姉妹の家に連れて行った。同い年の従妹とは仲がよく、一緒に遊んだ。

だが、母が従妹と比べるような発言をする。家の経済格差があり、従妹とは持ち物や遊びにいく先が違う。少しずつ疎遠になった。

思春期にさしかかる小学校五年生で不登校になる。受診した小児科医は、母親と離れて寄宿舎併設の養護学校に行くようにと言った。

「『将来、大変なことになりますよ』と言われました。お医者さんはお母さんと離さなければと思ったのかもしれない。でも、私は行きたくありませんでした」

当初は寮に入れると言った母親も、光恵さんの強い拒否に、行かせることを諦めた。光恵さんは、児童相談所に通い、臨床心理士やアルバイトの大学生と週に一度遊んだ。不登校と入れ替わるように喘息は治った。

中学二年で一、二カ月間、学校に行ってみた。だが、勉強についていけない。このままでは望む高校にはいけない。大学に進学し、就職するというルートしか知らなかった。中学では、生徒は必ず部活に参加しなければならなかった。運動部に所属したが、人間関係についていけず、週六日の練習に疲れ果てた。そんな光恵さんに、母親は学校に行かなくてもいいと言った。

一九九五年ごろのことだ。不登校はどの子どもにも起きるとして、学校側が強い指導をしなくなって数年が過ぎていた。

この頃、光恵さんは自分の病気が分からず、不安を深めていた。ネットやテレビでさまざまな病気について調べた。将来、自分がどうなっていくのか、全くわからない。

「テレビやネットには、情報があふれています。間違っていたり、古い情報もあるけれど、正しい情報を選ぶ力はありませんでした」

ネットで、電車で一時間半ほどの都市にフリースクールがあることを知る。一年半ほど通った。同年代の仲間ができ、楽しかった。ただし、幼い時に難病をわずらったことや、今抱えている将来への不安は、誰にも話さなかった。

そして、中学の卒業資格を手にする。フリースクールの高等部に進学したかったが、中学生とは違い、通学定期が使えない。家計が厳しく、学費と定期代の両方は支払えないと母親に言われ、次第に足が遠のいた。

†パートナーの存在と女性の未来

一六歳で家の近くのコンビニのアルバイト募集に応募した。だが落ちてしまう。母は「高校に行っていないから落とされたのよ」と断言した。その言葉に責められるような思いがあった。以後、アルバイトに応募しようとすると身体がすくむようになった。考えてみれば、アルバイトに応募して落ちることなどいくらでもある。頭では分かっていても、一歩が踏み出せない。今も仕事探しはとても気が重い。

光恵さんは七年近く家にひきこもった。家の中で、母親と言い争いを繰り返したが、田舎の生活は移動手段が少なく、何かあれば、母親が運転する車に頼るしかない。

自転車でふらふらと走り回ることはあったが、出掛ける先はなかった。近くの雑貨屋兼タバコ店には、小学校五年生のとき、お菓子を買いにいき、お店のおばさんに「学校に通ってないの?」と聞かれた。以来、顔を出したことはない。

かろうじて、フリースクール時代の友達とはメールのやり取りを続け、たまに会った。

いつも未来に絶望感を抱えていた。

「自分は長生きできないと思っていました」

一九歳で心療内科にかかった。向精神薬が処方された。今も、服薬は続けている。

この時期、思い切って母親を連れて小児科を受診した。自分の身体は本当はどのような状態なのか。さまざまな検査をした上で、医師は言った。

「大丈夫、以前の病気は完治しています。後遺症も心配する必要はありません」

その言葉に戸惑ったが、大学入学資格検定試験を受ける準備を始めた。二一歳で全科目合格。大学受験資格が取れた。同じ頃、両親が離婚した。父が家を出て、母と二人暮らしになった。

この時期、偶然知り合った男性と恋人になる。彼も生きにくさを抱えていた。母親との諍いを繰り返す光恵さんに、主治医は言った。

「彼氏さんがいるなら、頼って家を出たらどうですか?」

当時、恋人は実家暮らしの専門学校生で、就活中だった。相談をすると「家を出てくれば」と言う。

恋人の実家の近くにアパートを借り、近くのコンビニでアルバイトを始めた。だが、生活環境の激変に身体がついていかず、二カ月で仕事に行けなくなる。経済力のない恋人は、そんな光恵さんを支え切れなかった。半年で母親の元に戻った。

その後、都内で事務のアルバイトを見つけ、自宅のある関東の町から通った。そこで新しい彼と出会う。二六歳で再度家を出て彼の元で暮らし始めた。現在、一緒に暮らして八年になる。

仕事を続け、途中、事務所が閉まるというので、コンビニのアルバイトに変わった。貯金も少しできた。二五歳で大学を受験し、合格する。通学経路の沿線の駅にオープンスペース〝Be!〟をみつけて通い始めた。気軽に顔を出せる場所が欲しかった。利用料が低額で、主宰者の由美子さんがじっくり話をきいてくれるのが心強かった。

大学生活はそれなりに楽しかった。だが、七歳年下の同級生のように、単純に卒業後に希望を持つことができなかった。話が合わない。学費を稼ぎながら学ぶことも難しかった。二年目は奨学金の貸与を受けたが、利子がつく。三、四年目も奨学金を受ければ、卒業後長い間、月々約二万円を返さなければならない。年齢を考えると就活に自信がなかった。

悩んだ末に、大学を辞める決意をする。将来勉強を続けられるよう、除籍や他の大学に単位をもっていけない退学ではなく、中退になるよう学費を支払った。恋人も協力してくれたがそれでも、一部は利子付き奨学金として返還しなければならない。借金を抱えることになった。

光恵さんの将来の夢は、保育士になることだ。特に、病児の世話がしたい。二年以上大学に在籍し、一定単位以上取得できていれば保育士試験の受験資格がある。夢はかなうかもしれない。だが、かなわないかもしれない。

「中退した後、精神が不安定になりました。由美子さんに、あんなにお金を使ったのに、無駄にしてしまったと話したら、「大学に行けたのは良い経験だったんじゃないの?」と言われました。それはそうかなと思ったり。少しずつ、気持ちの整理をつけました」

それから二年二カ月後、アルバイトをしていたコンビニが店を閉めることになった。別の店のアルバイトを紹介されたが、続けられなかった。以来、仕事はしていない。恋人のアパートに住まい、貯金を切り崩しながら暮らしている。

身体に問題はないが、心はちょっとした刺激に大きく揺らぐ。次の一歩がなかなか踏み出せない。彼は真面目な青年だが、ひきこもりへの理解は乏しい。どうして働かないのかと尋ねられると追いつめられた気持ちになる。

「彼との関係は安定していません。もっと関係が悪くなったら、彼の家を出て行かないと。でも、母親の所に帰っても、状態はひどくなるだけだと思う。最悪、ネットカフェ難民になることも考えます」

彼との関係に信頼を寄せきれない。まゆみさん、光恵さんに限らず、女性たちの未来は、パートナーとの出会いによって大きく変わる可能性がある。それは、時には、自分自身で世界を切り開く可能性が減ずることでもある。それによって自尊心が奪われることもある。

そんな不安をオープンスペース〝Be！〟では口にできる。

「由美子さんには「そんな先のことを今考えなくてもいいんじゃないの？〝今〟必要なことを考えようよ」と言われます。困ったときには必ず一緒に考えてくれる。その信頼は揺らぎません。そういう人がいてくれれば、ネットカフェ難民にならずに、何とかなるかなと思っています」

そう語る光恵さんの目は潤んでいた。

終章

家族をひらく——自分の場所を社会につくる

†次世代に与えるべきもの

ひきこもりの背後には、「自分に課す規範から自由になれないことがある。その規範が与えられるのは、多くの場合家庭＝イエである」と私は書いてきた。

規範を求めるのは高度化した産業社会だ。人の能力を計り、選別し、社会に配置するシステムを持つ。

だが、一方、多様な人たちが生き延びるインフラも作られている。思いのほか現代社会は多様であり、フレキシビリティもある。

過度に、「規範」に身を添わそうとするのは、将来に不安を感じる時だ。まるで、泳げない子どもがプールのへりにしがみつくように。

共同体と呼ばれていたものが形を失う時、家族が孤立すれば、家庭内の「規範」は偏り、次世代を苦しめる。次世代が生活する社会のあり方が、親世代の「規範」とは大きくずれる場合もある。

これからの「規範」は、さまざまな出会い（それは人だけではない）のなかで、常に新しく創造＝クリエートしていくものかもしれない。

一方、私たちの暮らす日本では、「家族」の役割はとても大きい。家族規範も強い。子どもを育てる責任は家庭が一義的にもつことは当然だと思われている。責任は一方で「権利」でもある。我が子に家の規範を伝えることは、その親の「権利」だと思われているようでもある。自分の大切な価値観を我が子に伝えたいと思うこと、あるいは、そのことによって我が子を守りたいと思うことは、「愛情」と呼ばれる。

だが、それは本当に「愛情」なのだろうか。ひきこもりに苦しむ人たちをみていると、そんな問いが立ち上がってくる。

次世代に前の世代が与えるべきものは、まず「この社会は自分自身のための場所だ」という確信だ。そして、命が本来もっている成長する力を尊重することだ。

そこで初めて、親は子どもの他者となり、伴走者になれるのではないだろうか。「私」の願いや怒り、価値観を我が子に伝えるよりも、我が子に他者を感じていたほうが、社会に繋ぎやすい。

我が子に他者性を持つことは、実は、現代の新しい「規範」なのではないか。

だが、親自身が自分自身が生きてきた規範から自由になることは、案外難しい。それ以外の生き方を知らないからだ。

ある行き詰まりを感じた時には、家族を開き、社会に繋がることが重要だ。その時、的確に繋がれる先が誰にでも開かれていることが必要ではないだろうか。

†公的機関に求められる役割——横浜市のケース

公的機関は、家族がこれまで果たしてきた役割の一部を請け負う必要があるかもしれない。家庭の「規範」を保留して、当事者その人が、多様な場につながり、自分なりの「規範」を創造するのを助け、待つ場といったイメージだ。それが、ひきこもる人への公的支援に求められるのではないか。

二〇〇九年に成立した「子ども・若者育成支援推進法」は、ひきこもる青年や学校に行けない子どもたちへの支援を法的に保証した。二〇一〇年には、「ひきこもりの評価・支援に関するガイドライン」が公表された。さらに、二〇一五年には、「生活困窮者自立支援法」が施行され、ひきこもりの課題を抱える人たちへの支援も含まれるとされている。だが、具体的な取り組みは、地域差が著しい。四〇歳以上への支援はいまだに手薄だ。

子ども・若者育成支援推進法を主管する内閣府に尋ねたが、先進地域の一つとして名前が挙がったのが、横浜市だった。

その拠点となるのが、横浜市青少年相談センターだ。対象者は義務教育修了後の一五歳から四〇歳未満の「不登校・ひきこもり」の人たちだ（ここでも四〇歳以上は対象外だ。電話のみの相談は可能）。

横浜市青少年相談センターの青少年支援の強みは、歴史的に蓄積してきたノウハウがあることだろう。

同センターが生まれたのは、昭和三八年（一九六三年）。横浜市中区翁町に発足した施設で、民生局、教育委員会、神奈川県警の三機関から構成されていた。つまり当初は、現在、あらためてその必要が指摘されている、「行政の多様な力を持ち寄って作られた、ネットワーク」による運営だったのだ。

センターによって当初作られたのは隣接するドヤ街の簡易宿泊所に住む子どもたちを対象にした指導教室だった。これが、時代の変遷とともに不登校の子どもたちを対象とする心理治療教室になり、さらに、教育部門、警察部門が移転するにつれて、福祉部門による思春期を対象にしたグループ指導が行われるようになった。

現在は、個別の面接相談と十代と二十代のグループ活動を組み合わせている。居場所機能を狙ったグループではなく、他者との関係性を体験する場だ。一方、個人面談では、そのようなグループの中にいる自分についての多様な気づきを言語化できる。

家族のためのプログラムもある。

所長以下二名の事務職も含めて、一七名の職員がおり、他に非常勤で精神科医、心理相談員も配置され、年間を通して研修も行われている。

人口約三七二万人の横浜市では、年に約六三〇件に対応し、新規は二〇〇件を超える。相談や利用が終了するのは一〇〇件強というから一年ごとに一〇〇人くらいずつ利用者が増えている計算になる。

さらに、市内には就労支援を中心的に行う、若者サポートステーションが二つある。これは厚生労働省が認定した若者支援の実績やノウハウのあるNPO法人、株式会社などが運営している。一五歳から四〇歳未満までを対象にして、キャリアコンサルタントなどの専門的な相談、コミュニケーション訓練、協力企業への職場体験などの、就労支援をしている。日本全国には一六〇カ所ある。

また、四つの地域ユースプラザがあり、横浜市青少年相談センター、若者サポートステーションの支所的な機能をもつ。地域に根ざして、若者支援の総合相談を行い、居場所を運営している。家から通える場所に拠り所となる場所を作っているのだ。

†まず医療につながる

利用者の一人、大山公平さん（仮名　二七歳　一九八八年生まれ）は、七年間、横浜市青少年相談センターの伴走を受けてきた。現在、大手通信会社の契約社員としてコールセンターの人事担当者として働いている。鬱病の治療を受けており、障害者枠での雇用だ。

公平さんは、中学二年生の六月から五年間ひきこもった。家族との間でも会話らしい会話をせず、家から一歩もでなかった。その頃の記憶は一部ない。

学校への行き渋りはもっと早い。小学校一、二年時の担任が給食を残すことを禁じた。給食が嫌で不登校気味になった。この時期、横浜市内にある不登校の子どもたちのための施設に短期間通った経験がある。

三、四年生になって替わった担任は、給食は残してもいいという立場だった。学校には通えるようになったが、長い間人と食事をすることは苦手だった。

中学に入り、いじめを受ける。勉強についていけなくなり、体育の授業で行う中距離走も苦手だった。それが理由で不登校になった。昼夜逆転が始まった。

最初、両親からは学校に行くようにと厳しく言われた。だが、やがて親の強制はなくなった。

家で過ごす間、本好きの父親の本を読んだ。司馬遼太郎の『竜馬がゆく』全八巻などを読破した。一八歳になって、パソコンを手にしてからは、トランプ、オセロなどをオンラインゲームで楽しんだ。チャットにも熱心だった。

高校の卒業年齢になっても、父親は、社会に出て行けとは言わなかった。ただ、母親は知人の子どもたちの進学や恋愛を口にした。その度に、公平さんは胸をえぐられるような思いがした。

一九歳になって少ししてからは、二〇歳になっても外に出られなければ、死のうと思いつめた。成人式にはどうしても出たかった。それが、社会の一員であるという証に見えたのだろうか。

タイムリミットが近づくにつれて、寝たきりになり、食事を摂れなくなった。どうしてもつらくて、父親に車で近所の精神科に連れて行ってもらった。睡眠導入剤と抗鬱薬を出された。急に体が楽になった。医療にまずつながることができた。

†フォローを受けながら働く

体力をつけたいと思い、散歩に行くことにした。母に告げると驚き、慌てた様子で「靴がない」と言った。一日目は五〇メートル歩き、二日目は一〇〇メートル歩いた。次にコンビニ、その次に踏み切りまでと、少しずつ距離を延ばした。やがて、自分でできることには限界があると気づく。すると、母が横浜市青少年相談センターに行ったらどうかと言ってくれた。二〇歳になる一カ月ほど前のことだった。

この時期、すでに母親は相談センターにつながっており、動けない子どもへの対応を学んでいた。

初めてセンターに行く日は、何を着ていいかわからず、黙って母が用意した中学生の頃の服を着た。父が車を運転し、母が同乗した。五年間、家の中でもほとんど会話をしておらず、面接では、声がでなかった。正面から相談員の顔を見ることもできなかった。

一カ月ほど通い、慣れた頃、母と電車で行った。「電車ってこんなにすごい音がするものなのだ」と驚いた。

やがて、一人で通えるようになった。通所から一カ月め、母が取っていた介護の資格を取りたいと相談員に告げた。相談員は、階段状の絵を描いて、「あなたはここ、資格を取るにはここ」と説明をしたが、気持ちは変わらなかった。結局、資格を取り切った。

すぐに介護の仕事を始めた。公平さんにとって、働くことは規範だった。

「父は住宅ローンを抱えて仕事をしていた。通所にも交通費がかかる。働くのが当たり前だと思った」

ネットでは、「働いたら負けだ」という言葉が流行っていた。その言葉には反対だという気持ちが大きかった。

相談センターで個人面談を受けグループ活動に参加しながら、介護の仕事にプラスしてコンビニの仕事をすることにした。休みなく猛然と働く公平さんを担当相談員が止めた。だが、公平さんは仕事を続けた。

こうした時、センター内では会議が開かれ、公平さんの状況を検討し、職員が共通の認識をもち、対応を話し合う。

センター側は反対だという意見は伝えながら、公平さんの気持ちも尊重して見守った。

その後も公平さんは仕事に対して積極的に動く。

介護の仕事は「命を預かる責任に耐えられない」という思いから辞めた。収入が不安定になったが、鬱病として障害者手帳を取得し、障害者枠で働くことを思い立つ。センターに通うことで、障害者手帳と就労の関係など、家で一人で過ごしていては得られない情報を得ていた。自分自身で手続きをして手帳を取得した。

障害者枠で家電量販店に契約社員として採用された。

「自分でパソコンを手作りしていて、知識はある。家電量販店にはよく行くので、働けると思いました」

希望通り、パソコンを扱う部署に配属になった。ところが、見込み違いだったのは、平日は客がこないことだ。仕事は裏方の品出しの整理ばかりで、能力が生かされる場はない。シフトも望む通りには入れてもらえない。そこで仕事を辞めた。

顧客として店に行くのと、仕事をすることは大きく違う。センターは働き続ける公平さんを見守り、面接での言葉掛けなどで、主観的な偏りを修正して、社会との摩擦を弱め、適応しやすくなるように配慮した。

公平さんは量販店の仕事を辞め、いくつかの就職に失敗した時点で改めてセンターの相談員に相談をした。これまでの動きを見ていたセンター側は、市内の公的な施設である障害者就労支援センターを紹介。それが、現在の通信系の会社のコールセンターでの仕事につながった。ここで働き始めて、すでに五年間になる。

公平さんの実力、思い、特徴などを理解し、その一方で、社会の仕組み、企業の特徴などの情報を持ち、適切な社会資源につなぐ。就労後のフォローもする。公平さんが障害者枠で働き続けられるのは、試行錯誤を存分にして、その後、センターの意見を取り入れたからだ。

見守りを受けずに、一人で就労と向き合っていたら、もっと早い時期に、自分はダメだという自責感や自己責任の気持ちで潰れていたのではないかと思われた。自分自身の限界のある考え方をその外側にいる人が理解し、さらに揺らし、勇気を与える。センターはそんな他者の役割を担う。

長期間ひきこもっていた人は、仕事そのものはできても、動けなくなることは少なくない。自分の思いとは異なる現実が現れたとき、フレキシビリティを保てない。客観的に状況を判断するには、知識や理解が必要だ。家族だけでは、支えきれない。

人を所有したり所有されたりしがちな家族では、事実を指摘しても、当事者が受け入れられないこともある。また、焦りのなかで、親側が待てないこともある。

そうした力の乱反射から距離を置き、当事者が最も必要とするものを提示し、待ち、支える機能がセンターにはあるように思われた。

†アウトリーチの利用

もう一人、同じセンターを利用している方に話を聞いた。

樋口明さん（仮名　二六歳　一九八九年生まれ）は、成人障害者を対象とした施設で、非常勤職員として、見守りや環境整備を行っている。同僚は三〇名ほどだ。

現在月に一度センターの相談員に職場の近くまで来てもらい、面接を受けている。就業時間の関係で、センターに通えないからだ。

特に大きな課題はないが、職場のこまごまとした困りごとや不安を聞いてもらう。

「悩みを職場の人たちに打ち明けるのが苦手です。（相談員の）Dさんに気持ちを話せるとホッとします。本当に困った時に、センターに電話をして聞いてもらったこともありました」

当事者の希望やニーズに応じて、相談員が気軽に出かけていく。他の地域の公的な相談施設に比べて、横浜市青少年相談センターは自由度が高いように思う。

明さんは勤務をして一年ほどした頃、朝調子が悪いことがあった。遅刻していこうと思って、職場には連絡をしたが、なかなか良くならない。気持ちが焦った時に、Dさんに電話をしてみた。

話し合うなかで、焦って無理にでかけなくていいこと。行けないなら、職場にはもう一度電話をして話せばいいことなどを自分なりに納得していった。一人で休むと決めるより、ずっと気持ちが楽だし、結論に自信を持てる。

今は、職場に、自分が長い間ひきこもりで苦しんできたことなど、具体的な自分の状況を伝えてある。それもDさんの助言による。

周囲が自分を理解してくれているとわかると安心する。

「今の職場に勤務して三年になりますが、センターのDさんに相談ができたので、続けてこれたという気持ちがあります。友達もいますが、そこまで真摯に自分の困っていることを聞いてもらうことは難しいです」

母親にも職場で困っていることは伝えている。だが、母親から自立したい気持ちもある。家族だからこそこと細かには伝えたくない。

「将来もっと成長できるかなとか、いろいろ考えてしまう癖があるんです。将来に不安を抱えていますが、センターに相談すると、うまく生きられる気がします」

小さいときは楽しいことでいっぱいだった。小学校六年生の頃から急に人に関わるのが難しくなった。この時、両親の仲が悪化していた。何があったのか、父親は外でのイライラを家に持ち帰って、母に当たった。

中学生になると友達と遊ぶことがなくなった。二年生から三年の途中までは学校に行かなかった。高校は地域のサポート校に通ったが、高校二年で行かなくなり、ひきこもった。

母親が心配してセンターに相談に行くようになった。やがて、月に一度、相談員の家庭訪問を受けることになった。来所できない人のところに出かけて行き、そこで支援をするアウトリーチという手法だ。明さんは言う。

「知らない人が家に来ることに怖さはありましたが、家を出られないことがストレスで、自分を責めていました。何とかしなければいけないという気持ちが勝って、来てもらうことにしました。少しずつ馴れていきました」

†規範を超えるということ

家を出たきっかけは、センターとは無関係だ。一七歳のときに、息切れが激しく、体のしびれを体験した。救急車を呼んで病院に行った。検査をしたが問題はなかった。医師から過呼吸だと言われた。家に閉じこもって、外に出られないと伝えると、通院を勧められた。抗不安薬が処方された。

同時にセンターにも通い始めた。準社員として小さな会社の事務員をしていた母親が、同行してくれた。

「お母さんは仕事を休んで一緒に行ってくれたんですか？」と尋ねると、明さんは一瞬びっくりした顔をして「そうですね。そうだったと思います」と答えた。母の立場を思ったことがない。自分自身の苦しさと戦うことで精一杯だった。

このとき、明さんは道路を歩くことさえ辛かったそうだ。

「ドライバーがこっちを見ているような気持ちがしました。今考えると、あのころは重症でしたね」

道を歩くことさえ怖くなるほど追い詰められた気持ちは、何気なく外出している私たちにはわからない。そのことを理解しないと、支援はできない。

センターでは、家を訪問してくれたスタッフが待っていた。

「最初の相談員は、五十代の男性のFさんでした。楽しい、元気な人で話しやすかった。僕の知っているゲームや漫画の話をしましたが、Fさんも多少は知っている風でした。話しているのに突然立ち上がって外を眺めたり。座っているのが辛いのかなと思いました。

「鼻毛抜いていい?」と聞かれたので「はい」と言ったら突然抜き始めたのは衝撃的でした。でも、嫌な感じはしなかったです」

こうした痛みを抱えている人たちは、「規範」の中に自分を閉じ込めることで安心しようとする。断って鼻毛を抜くというのは、規範を崩す大きな「技」だ。規範を超えても人は壊れることはないし、人とつながることもできる。そんなメッセージを相談員からもらっていた。

少しずつ一人で通えるようになり、できることが増えていった。

†ユースプラザのボランティアで就労準備

一年ほど通ううちに、行くのが楽しみになっていった。やがて、グループに参加しないかと誘われた。

「通信高校時代の経験もあって、同年代のグループに入ることに恐怖心があったのですが、面談を重ねるなかで、見学してみようと思うようになりました」

見学の間、緊張で手がしびれ、過呼吸の状態になった。それでも一歩進みたいと思った。センターの他に、病院を回ってカウンセリングを受けた。

その上で、グループへの参加を決心した。しかし、最初から同世代のグループに入ることができず、まず、もう一人の利用者と相談員の四人で会った。さらに、何人かの小グループを作る。

「皆、控えめでおとなしいので、嫌な思いをしたことは、今は思いつきません」

相談員は利用者の一人ひとりの状態を見極め、ニーズに合わせて対応を変化させていく。やがて、年に一回の宿泊訓練に参加できるようになった。夜を徹して話すのは楽しかった。相談員がいなくても当事者同士二〇名ほどで時間を過ごすこともできた。

同時に、公立の通信制高校に入り、高校卒業の資格を得た。自分の意思で始めたことをやりきって、強い達成感を感じた。

それまで何も言わなかった母親が、「これで就職しやすくなるわ」と言った。やり遂げるまで黙っていてくれたのだと思った。

その後は、アルバイトの面接を受け始めた。十数回落ち続けた。明さん自身は、むしろ、受かったら困ると思っていたそうだ。

その頃、母が新聞に折り込まれていた求人チラシを見せて、介護の仕事への関心を尋ねた。それをきっかけに福祉の仕事に興味を感じるようになった。

センターでのグループ活動に慣れた後、地域のユースプラザに行くようになった。最初にユースプラザに行く時には、相談センターの相談員に同行してもらった。ユースプラザからは、福祉の現場を体験できるボランティアの紹介を受けた。老人施設にボランティアとして通った。その体験を踏まえて仕事を探し、現在の職場に採用された。

「母は、早く働けということはなく、あくまでも僕のペースを尊重して、支えてくれました。自分のペースを親に崩されなかったことはよかったです」

横浜市青少年相談センターは親たちを支える制度も整っている。

明さんはすでに七年間センターを利用している。その間、担当者は一度替わった。支えてくれる人が替わることがいちばんの不安だと明さんは言う。

次回、Dさんから新たに別の人に替わるとしたら、センターは卒業したいという気持ちもある。ただ、その際にはセンターと話し合い、自分の今後を決めるつもりだ。

†生活保護を利用

公的な支援を使う例としては、生活保護を利用して親元から抜け出す方法もある。

清水勝さん（仮名　三八歳　一九七七年生まれ）は、そんな一人だ。幼い時から両親が不仲だった。弟は成績が良く、自分自身は思ったような成績が取れなかった。

父は中卒で、お金にルーズだった。パートに出ていた母は、夫のようにならないようにと、良い成績を息子たちに望んだ。母の性格は激しく、成績のよい弟は、夜中まで勉強させる。弟がランドセルを片づけないからと、教科書に火をつけたこともある。端っこが焦げると、「お前が止めないからだ」とさらに弟を叱った。

家の中には、母の良い子でいることが「規範」としてあった。激しさを抱えた母は、外には、自分たちは良い家族だとアピールをした。自分たちの良さを社会に提示しなければ生き残れないような不安感を抱えていた。勝さんも自分をアピールするようになった。サッカーやかけっこなど、自分が苦手なことは友達の前ではできなかった。一緒に遊べる遊びはあまりなかった。

小学五年生で不登校が始まった。中学に入り、いったん学校に戻ったが、中学二年で再び通えなくなった。中学卒業後、四年間、母の知り合いの料理店に勤務した。その後、二〇歳で二歳年下のグループとバンドを組み、キーボードを担当した。独学だった。実力以上の評価を受けたいと思うので、ステージでは極端に緊張する。演奏前には酒を引っ掛けた。最盛期、町のライブハウスで四、五回演奏した。ある程度の評価を受けたと思い、プロになるつもりだった。だが、年下の仲間たちにはその気持ちがない。トラブルが続き、結局、ばらばらになった。その後、一人でプロを夢みて試行錯誤した。だが、音楽活動にはお金がかかる。派遣労働者としての工場での作業と新聞配達の二つの仕事を同時にした。疲れ果て、音楽への意欲が持てなくなった。鬱気味になり、病院に通い、睡眠導入剤を飲んだ。新聞配達は、配達先の間違いが増えて辞めた。収入源は昼間の派遣の仕事だけになった。生活費が足りなくなった。

一時期、恋人と付き合ったが、続かなかった。派遣会社ではトラブルがあり、契約が切られた。自分が悪いわけではなかったが、抗議できなかった。二九歳で仕事がなくなった。

この時、追い詰められて初めて役所に相談に行った。そこで、鬱病であれば、障害者年金を申請できると教えられた。申請窓口に行くと症状を尋ねられた。ダメな自分を正直に告げられず対象者にはならなかった。

外に自分をアピールする生活しか知らなかった。自分の弱さを人に見せられなかった。

当時、母には鬱病だと伝えても怠けだと決めつけられた。父親からは、障害者年金がおりたら、金を貸してくれと言われた。

東京の有名大学に進学していた弟は、六年かけて卒業したが、就職できずに自宅に帰ってきた。弟の帰宅を半ば強引に決めたのは母だった。この時、末期ガンを患っていた母は家族の中で力を振るい、そのことを拠り所にしていた。

母が亡くなり、弟は再び上京した。父親と二人暮らしになった。

それから二年間はひどく自分を責めた。

一つは母とのことだ。母の願いを叶えられなかった。

もう一つは父とのことだ。

「父の世話になっていることにも、申し訳ないという気持ちと、すごく嫌だという気持ちがありました。父は酒を飲んでは説教をした。頭を押さえられて勝てない感じでした」

息苦しさに二年間呻吟した。自死してしまいそうだった。そんな自分をなだめて、電話で無料のカウンセリングを受けた。

「思いがけず、「頑張ってきたんですね」と言われて、なぜかよくわからなかったんですが、すごく嬉しかったんです。その後、電話カウンセリングを続けたり、心理学を勉強したりして、ある時ポンと、母親が過干渉だったことを理解しました。急に楽になりました」

役所の窓口で症状を正直に話し、障害者基礎年金を受けることができた。自分たちは良いものだとアピールしなければいけないという、「規範」から抜け出すことで、公的支援につながることができた。

思いがけず、四年さかのぼって約三〇〇万円が入った。

これを資金にして、東京でカウンセラーになる勉強をしようと考えた。だが、実際に東京で生活を始めると、体調が悪く動けない。お金はみるみる減っていった。

父の圧力の下に戻りたくはなかった。

そこで、活動家、湯浅誠が書いた『生活保護申請マニュアル』を読み、思い切って湯浅が設立したホームレス支援団体「自立生活サポートセンター・もやい」に連絡を取った。支援を受けて生活保護を受給した。

ともすれば命がけの争いになりそうな父親に、経済的に頼らずに済む。葛藤がなければ楽になる。

今も鬱は続いている。病院とデイケアには二週間に一度通う。ヘルパーが週に一度きて、料理を作ってくれる。保護費の中でやりくりできるようになった。生活は落ち着いている。

東京で仕事をしている弟との関係も改善した。生活保護が、家族間の暴力的な関係から、それぞれを守っている。

ただし、勝さんは言った。
「寂しい。めちゃくちゃ寂しいです」

†自助グループと若者サポートステーション

遠藤真一さん（仮名　三二歳　一九八三年生まれ）もまた、公的機関を利用して自分なりの居場所を作っている。大学を卒業後、就職活動ができなかった。現在は、九人の生徒の家庭教師をして、生計を立てている。収入は月二〇万円ほど。実家暮らしで、必要なお金はタバコ代と携帯電話使用料金程度。困っていない。父は大手建設会社に勤務。母は専業主婦だ。

「自分がひきこもりというものに当たるのかどうかはわかりませんが、ひきこもりの自助グループの世話人をしていいます。僕は人と会うことは苦手ではありません。ただ、絶対に譲れない部分がある。目をつぶってやり過ごすことができないんです」

父親が海外駐在が長かった真一さんは、幼い時からおっとりとした母親と日本で穏やかに暮らすことが長かった。母親に怒られたことがなかったという。大人になり、家庭教師として様々な家庭を知るうちに、自分の家が珍らしかったと理解した。

高校進学時に、父の任地のフランスに渡った。日本の私立大学付属高校の海外校に入学した。父の勤務先の会社には、海外駐在員の子弟が海外の親元で高校進学すると、学費を支給する制度があった。卒業後は日本に戻り、そのままその私立大学に進学し、法学を学んだ。司法試験を受けることも考えたが、一方で、のんびりとした人生を送りたいという思いも持っていた。

卒業にあたり就職活動ができなかったのには、大学三年当時、ベーカリーカフェでのアルバイト体験があった。

冬の寒い日、ホームレスが入ってきて、パンと飲み物を買って席に着いた。すると、真一さんは店長から、「店の雰囲気が悪くなるから、出してきてくれるかな」と言われた。「混み合ってきたのですみません」と声を掛けると、その人はスッと出て行った。

「店長も言いたくて言っているわけではないとわかっていたから、黙って従いました。でも、死んだ後、閻魔様に怒られるだろうという気持ちがありました。この社会では本当に貧しかったらお店に入ることもできないんだと、びっくりしました。その月のお給料をもらったとき、あの時の時間の分も入っているんだと嫌な感じがありました」

自分の価値基準による「規範」と、賃金が発生する仕事の「規範」との間で葛藤を体験した。自分の「規範」をずらすことはできなかった。その後、アルバイトができなくなった。就活もしなかった。

社会には多様な規範がある。その場に身を置くには、自分自身の規範に目をつぶらなければならない場合がある。その気持ちの悪さから、その場に適応できなくなることもあるのだ。

その時、どのような「次」を選ぶか。その選択が、その人の未来を創造する。

「後輩から、就職はどうするんですか？　と尋ねられて、ムーミン谷を探してスナフキンになるよ、と答えました」

父親には「就職をどうしたいのか」と尋ねられた。黙っていると「それ（何もしないこと）もいいだろう」と言われた。

それから六年ほど、「親の家の飼い猫のような状態」で暮らした。両親は一度も責めなかった。いったん、就職した友達も次々に仕事を辞めていたこともあり、特に将来への不安もなかった。

「働きたくなったら、仕事を探せばいいと思っていました。突然、ハローワークに行こうと思ったのは、親孝行で、両親と一緒に海外旅行に行きたいと思ったからです。その頃にはベーカリーカフェでの嫌な出来事も忘れかけていました」

二八歳になっていた。ところがはじめて足を踏み入れたハローワークで思いがけない対応を受ける。

「「大学卒業後、六年半、働きませんでした」と言ったら、「良い身分ですね、でも、それは大変なことじゃないですか？」と言われました。初めて、ひきこもりという言葉を知りました。これはとんでもないことをしてしまったのかもしれないと、ひどく落ち込みました」

ハローワークで現代社会がもつ一つの「規範」を示され、一旦、それが正しいのだと思った。すると、自分の足場が、そして未来が揺らいだ。自分はそのようには生きられないと思った時、強い不安に襲われて、精神的な危機を体験した。

その日以降、二週間ほど、食べることも、寝ることもできなくなった。電車を待っていると、飛び込んでしまいそうになる。高いところは極力行かないようにした。

「自分に異常なことが起きていると感じていました」

ひきこもりとは、おそらくこのような精神的な現実を生きているのだと思われる。自分が生きられない「規範」で自分をジャッジして自分を切り刻んでしまうのだ。

苦しむ真一さんを見た父親からは、「いざとなったら、母さんを守ってくれればそれでいいから」とだけ声をかけられた。この時も家族からは責める言葉はなかった。

不安に押しつぶされそうになり、「ひきこもり」をキーワードにネット検索をした。同じ町に、ひきこもりの自助グループがあることを知る。行ってみると、同年代だけでなく、二〇歳以上年上の人も来ていた。

「この人たちがダメな人だとは思いませんでした。むしろ、「ひきこもり」と言われ、気持ちがとても辛かったので、この人たちは何年も苦しんできたのだと、尊敬心が湧きました。ぶらぶらしていても生きていけると思い、気が楽になりました」

以来、この自助グループの定例会に通い、今は代表を務めている。

「この会が続いているのは、公的な場所を使わせてもらえるので、場所代が無料だからです。公的支援はとても大事ですね」

一方、憔悴しきって訪ねた二度目のハローワークでは、若者サポートステーション（以下サポステ）を紹介された。

真一さんは、改めてサポステで、なぜ就活をしなかったのかと聞かれ、大学時代のアルバイトでのホームレスとの体験を話した。「ああ、それが苦しかったんですね」と相槌を打たれて、涙を流した。家族への申し訳なさも口にした。九カ月ほど通い、気持ちの整理がついた。

気持ちの整理がつくというのは、その時点で自分が立てた物語、つまり自分自身の作り上げた「規範」を通して生きることができるということだ。

そろそろ就職できると言われ、パン工場のラインの仕事に応募し、採用された。

「このとき一緒に採用された中には、初老の人もいて、いくつになっても仕事はあると知り、安心しましたね」

その後、パン工場のラインのエキスパートになりたいわけではないと思い、ネットで家庭教師の仕事を探し、応募して採用された。

子どもたちにわかりやすく勉強を教えることは、とても楽しいそうだ。

自助グループの活動などを通じて、ひきこもりの当事者の仲間たちにも出会う機会が増えた。それぞれ、社会の中で、自分らしく生きられる場を作ろうとしている。そうした生き方に共感する。

†家族に代わって成長を見守る

家族が基盤になって作られてきた「規範」が、ときに子どもや若い世代を痛めつける。だとすれば、子どもたちを守りつつ、個人が緩やかに、重層的に社会に繋がることを保障することが必要だろう。社会のなかに、多様な受け皿が作られることは大切だ。

特に、当事者やその家族が、環境のなかでなかなか社会に繋がれないとき、より丁寧に人を社会につないでいく存在が必要になる。その伴走は、一般に考えられている以上に時間がかかるかもしれない。

時には、民間の団体や個人が家族代わりに、共に過ごしつつ、公的機関の利用につないでいく。

第四章で登場した小宮山孝さんは、中学時代でフリースクールに通い始めてから、三〇年以上、支援者の佐藤由美子さんと関わってきた。孝さんは社会に対して、激しい憤怒を繰り返し感じてきた。

だが、唯一怒りを向けない対象が由美子さん自身と彼女が主宰する居場所、オープンスペース〝Be！〟のスタッフたちだ。孝さんは、第四章で次のように語っている。

「〝Be！〟では、今までの居場所や職場で感じてきたような、人間としての上下関係を感じることがありません。だから、いやすいんだと思います。こうでなければならないという決まりもほとんどない。そういう居場所や人間関係があって、危機的な時に生きながらえることができたのだと思います」

ニュートラルに子どもや若者に寄り添う。それは、実は技量のいることだ。そして、家族以上の繋がりが人の生涯を支えていく。

同じく第四章で登場した光恵さんもオープンスペース〝Be！〟に支えられている。見えない不安をコントロールし、その人独自の姿を見つけ出し、成長を見守り、社会につないでいく。それは本来家族の役割だったのかもしれない。だが、現在の孤立しがちな家族にはできにくい。

†「人の泉・オープンスペース〝Be！〟」

毎週、火曜日三時～八時と木曜日三時～六時に、東京・世田谷区の住宅街の民家の二階に「人の泉オープンスペース〝Be！〟」と書かれた黄色い旗がはためく。さまざまな困難を抱えた若者たちが、おしゃべりをしたり、食事をしたり、一緒に過ごす「居場所」だ。

旗は「居場所」が開いているというサインだ。

オープンスペース〝Be！〟は開所して二〇年。現在、二十代から四十代までの男女二〇名ほどが登録している。スタッフは主宰者で常勤の佐藤由美子さんと男女四名だ。一回につき五〇〇円、おやつのみなら二五〇円、利用だけなら一〇〇円と、利用料は低額に設定されている。

今、日本各地に若い人を対象にした「居場所」がある。最終目標は社会的自立である場合が多い。オープンスペース〝Be！〟では希望者が参加しやすい、敷居の低さを目指してきた。本人の思いを受け止め、一緒に道を探すことに力を注ぐ。


キムチが入った器が手渡しで回される。大きなダイニングテーブルにはもやし入りの麻婆豆腐、筑前煮、ブロッコリーのサラダ、なめこの味噌汁、そして白いご飯が所狭しと並んでいる。食卓に座っているのは十代から六十代までの男女十余名。

二十代の女性が恋人と行った旅行の話をすると、質問が飛ぶ。由美子さんが一〇円のもやしを買ったと話し、別の誰かが店の場所を確認する。由美子さん以外に二名のスタッフ、娘を連れてきた保護者などもいたのだが、最初、利用者との見分けがつかなかった。

由美子さんは短い中学校での教職歴を経て、八〇年代の終りから九〇年代初めにかけて仲間とフリースクールの設立や運営に携わった後、九五年に不登校の居場所としてオープンスペース〝Be！〟を始めた。その後、巣立てない子どもたちの年齢が上がってきたことに加え、「ひきこもり」など、青年層のニーズが高まってきたこともあり、二十代～四十代の人たちの居場所に移行してきている。自発的に通う場所で、相談に乗ったり、意見を言うことはあるが、いわゆる、就労への指導を目的にはしない。

「オープンスペース〝Be！〟の目的は「安心してそこにいることができる居場所の提供」です。就労訓練の場は四〇歳くらいまでなら様々に作られてきました。でも、お金がなくても通える、単なる居場所は少ないんです。

家族のサポートがしっかりしていれば、本人がわりあい安定して、周囲の人たちの配慮の中で生きていけます。しかし、そうではないために、家族や社会で二次被害、三次被害を受けてしまう。オープンスペース〝Be！〟では、彼らの人間関係に対する恐れが、少しでも少なくなってくれれば、と願いながらおつきあいしています」

オープンスペース〝Be！〟では食事を一緒に作って食べることを活動の中心に据えている。

「食事をするなど生活を共にすることで、医療や世間が貼ったレッテルではわからない、その人自身の困難の質が見えてきます。例えば周囲にかまわない食べ方をする人を見ると、その人は、人と気持ちを通わせながら食卓を囲む余裕がない状態なのだろうとか、想像できたり……」

幼いころに親たちに厳しい扱いを受け、自分の感覚を信じられずに育つ人たちがいる。彼らは自分を信頼できず、したがって他人への不信感も抱えている。

困難に直面しても助けを求められず、傷を深める。

オープンスペース〝Be!〟には、発達障害と呼ばれる傾向を抱えている人もいる。自分自身の感覚や規範が周囲と強い軋轢を生むこともある。その度に本人が傷つき、二次被害を重ね、他者が信じられなくなる。

「例えば発達障害などの傾向がある人の中には、「東大」とか「有名人」「有名企業」といったわかりやすい目標にとらわれてしまう人がいます。そこに自分を当てはめようとして自分らしさがどんどんわからなくなってしまう。それまでにそれ以外の価値観との出会いがなかったのかもしれない。でも、そんな自分の実像を摑みきれない人たちが、時間が限られた就労訓練で働き始めることは、とても難しいでしょう」

虐待を受けて育ち、他者への不信が当たり前のようになって育つ人たちもいる。

「彼らが、幼少期から年齢を重ねてくる中で、親との凄まじい葛藤があったということも聴いてきました。（彼らが）親に対して驚くような発言をするのを耳にすることもあるけれど、そう言わないではいられない歴史があるのだとも感じます。そうした家族の葛藤も、現在の困難を抱える青年たちのひとつの姿だと思います」

〝Be!〟には、一〇年くらい就労した後、動けなくなった人たちもやって来る。

「その年齢になると職場では力を発揮することを求められます。そのためには自分を支える土台や軸が必要なんだけれど、それがしっかり育てられる環境に恵まれなかった人たちもいます。この人たちが背負ってきたものは一朝一夕の支援では解決しません。

そんな人たちが、社会にはたくさんいるように思うんです。

彼らの努力不足の問題ではないと思います。しかも、その程度の困難では障害者年金も貰えない。社会が提供する福祉制度と支援を必要とする人の現実との間には大きなギャップがあります」

だから、あえて制度とは無関係に、顔を出せる場は必要なのだ。

この日、昼食が終わると、それぞれが茶碗を洗い、思い思いの場所に散った。民家の二階で運営されており、二〇平米ほどの広さだ。

四十代の作業服を着た男性が、五十代の女性に手伝ってもらい、漢字の書き取りを始めた。字が書けないことは、社会参加に自信を持てない大きな理由になる。

奥の和室では十代の女の子、二十代の男女数名が人生ゲームを始めた。時々若い歓声が上がる。

三十代の女性が遅れて顔を出した。スタッフに促されて食卓についたあと、バッグからCDを取り出す。漢字の勉強を見ていた女性スタッフが手を止めて、CDをプレイヤーにセットする。部屋に女性のボーカルが流れる。

前回、この歌の話になり、次回持ってくると言ったそうだ。女性の斜め前に座っていた男性スタッフが感想を口にする。

皆がそれぞれリラックスしている。由美子さんは言う。

「ここでは一人ひとりの必要に応じてお付き合いします。ある人は必要であればじっくり話を聞きます。何歳であろうと今、漢字の勉強をしたいなら手伝います。親との折り合いが悪くて実家にいられない人には、本人の希望に従い、転居を手伝い、生活保護申請に付き合います。就労支援が必要な場合は専門機関と連携します。医療が必要な人も少なくありませんが、薬剤に頼りすぎないように、心身両面でのサポートが必要です」

利用者に必要な支援を把握して提供することは、ごく自然に行われているので見えにくいが、実はたくさんの知識や現在の情報が必要になる。スタッフはそのための研鑽を続けている。

「『自分が体験したことのない困難を抱えた他者』の傍らに居続けるには、技術も必要です。聴くこと、そばにいること、分かち合うことについての研修で、講師として命の電話の研修担当の方に来ていただいたこともありました。でも、いちばん大事なのは感性かな。助ける人、助けられる人の関係が固定されると、サポートする人の気づかないところで、利用者が差別感を感じてしまうことも少なくないのです」

なかには、「福祉」という言葉にさえ拒否感を感じる人がいる。彼らに必要なのは、素朴な「つながり感」だ。

オープンスペース〝Be!〟は地元の連携可能な支援機関の掘り起こしも努力してきた。

新しい支援施設ができたと聞くと、講師として呼び、当事者の若者、一般市民、そして〝Be！〟スタッフが参加する学習会を企画して話してもらう。

公的支援の枠に収まらないオープンスペース〝Be！〟の運営は厳しい。場所はキリスト教会から提供を受け、運営費は母体の民間団体に集まる会員の年会費や寄付、月に一度開かれるフリーマーケットの収益金、助成金などでまかなう。年間三〇〇万円規模の予算だ。

少し前の新年会で、運営の危機が話題になったとき、一〇年以上通い続けてきた男性が、思いがけず発言し、オープンスペース〝Be！〟の活動がどんなに自分に必要だったか、淡々と語った。普段、人前で話すと声がかすれてしまう人だった。男性はこの時のことをオープンスペース〝Be！〟の活動報告書にこう書いている。

「〝Be！〟の活動には、目に見えにくいが、確かな意義があると会場に来た人に分かって欲しかった。（略）「みんながそれぞれに変わりたいと思っている方に変わっていけたらそれがいちばんいいよね」というのが、私がいつも〝Be！〟から受け取っていたメッセージだ」

この男性はその後、両親の高齢化もあり、スタッフや医師の提案を受け入れ、就労訓練施設に通い、就労した。今は、ごくたまに由美子さんと電話で話す程度だという。

世の中にはオープンスペース〝Be!〟以外にも実はたくさんの助け手が存在することが彼にもだんだんわかってきたようだと由美子さんは言った。

実は、社会には大勢の助けたいと願う人たちがいる。その人たちと助けを必要とする人をつなぐ力もオープンスペース〝Be!〟はもっている。私には、オープンスペース〝Be!〟の歩みは、共に過ごすなかで、その人を縛りつけている「他者の視線」＝「規範」を揺さぶる営みのように見える。そのうえで、自らは信頼できる他者でありたいと願い続ける行為だ。

一方、開設の言葉として、由美子さんは次のように書いている。

「〝Be!〟とは、あなたのありのままでいてくださいというメッセージです」

由美子さんによれば「オープンスペース〝Be!〟を続けてきたのは、その人のありのままを取り戻すことを助けようとする営み」だった。

眼差され、値踏みされ、社会に位置づけられることが当たり前になった現代社会で、自らをも縛る「規範」から少しでも自由になること。それは「ひきこもる」ことから自由になるためにも重要だ。

「規範」は社会に適応するために必要だと、これまで、家族を母体にして、学校を通じ、職場を通じ、与えられてきた。社会を形成する一員となるために、さらに、そこで少しでも有利な生き方を手にいれるために、私たちは加工されて、ようやく社会に居場所ができる。

だが、私たちは現代社会に合わせて加工された命を生きなければならないのだろうか。急激に経済のあり方が変わり、産業が形を変え、社会が流動化し、家庭が孤立化し、あるいは個人が様々なものに分断される今、「規範」はどこにあるのか。

「この社会はあなたのそして、私の場所だ」

とまず、子どもと若者に伝えなければならない。そして、他者からの評価、目線に合わせて揺れるのではなく、生きる主体としての自分を作り出す営みが不可欠だ。それは、案外困難な作業かもしれない。

とはいえ、それでも、私たちはこの困難な日々を皆で生き延びなければならない。公的な支援、私的な支援の関わりのなかで、できることはまだ、ありそうに思える。

あとがき

一五年以上にわたり、社会のなかで生きにくさを抱える人たちに話を聞いてきた。大勢の方々の話を伺いながら、それは、同じ社会の仕組みのなかで生きる、私自身の話なのだと気づいていった。私にとって、大きな発見であり、また、自分自身と向き合う助けになった。

本書執筆にあたり、久しぶりにお会いした方々がいる。より多くの方々に、「苦しむのはあなただけではない」と伝えたいという私の願いを受け入れ、苦しい思いのなかで、自身の語りの掲載を承諾していただいた。

以前、お話を聞かせていただいた方々のなかには、すでに、連絡が取れない方もいた。内容の大筋は変えず、一部、書き換えて発表することにした。

かけがえのない思いを語ってくださった、すべての皆様にお礼を申し上げます。
また、ちくま新書編集担当者の永田士郎さんにひきこもりに関する本を作ろうと声をかけていただいてから、長い時間が過ぎた。待ちつつ、支えてくださった忍耐と誠実に心から感謝いたします。

二〇一五年一二月

著者記す

ちくま新書
1163

家《か》族《ぞく》幻《げん》想《そう》
——「ひきこもり」から問《と》う

二〇一六年一月一〇日　第一刷発行

著者　杉山春（すぎやま・はる）

発行者　山野浩一

発行所　株式会社　筑摩書房
東京都台東区蔵前二-五-三　郵便番号一一一-八七五五
振替〇〇一六〇-八-四一二三

装幀者　間村俊一

印刷・製本　株式会社　精興社

乱丁・落丁本の場合は、左記宛にご送付下さい。
送料小社負担でお取り替えいたします。
ご注文・お問い合わせも左記へお願いいたします。
〒三三一-八五〇七　さいたま市北区櫛引町二-六〇四
筑摩書房サービスセンター　電話〇四八-六五一-〇〇五三

ISBN978-4-480-06869-9 C0236

ちくま新書

1029
ルポ 虐待
——大阪二児置き去り死事件
杉山春
なぜ二人の幼児は餓死しなければならなかったのか？現代の奈落に落ちた母子の人生を追い、女性の貧困を問うルポルタージュ。信田さよ子氏、國分功一郎氏推薦。

606
持続可能な福祉社会
——「もうひとつの日本」の構想
広井良典
誰もが共通のスタートラインに立つにはどんな制度が必要か。個人の生活保障や分配の公正が実現され環境制約とも両立する、持続可能な福祉社会を具体的に構想する。

659
現代の貧困
——ワーキングプア／ホームレス／生活保護
岩田正美
貧困は人々の人格も、家族も、希望も、やすやすと打ち砕く。この国で今、そうした貧困に苦しむのは「不利な人々」ばかりだ。なぜ？　処方箋は？　をトータルに描く。

710
友だち地獄
——「空気を読む」世代のサバイバル
土井隆義
周囲から浮かないよう気を遣い、その場の空気を読もうとするケータイ世代。いじめ、ひきこもり、リストカットなどから、若い人たちのキツさと希望のありかを描く。

746
安全。でも、安心できない…
——信頼をめぐる心理学
中谷内一也
凶悪犯罪、自然災害、食品偽装……。現代社会に潜むリスクを「適切に怖がる」にはどうすべきか？　理性と感情のメカニズムをふまえて信頼のマネジメントを提示する。

757
サブリミナル・インパクト
——情動と潜在認知の現代
下條信輔
巷にあふれる過剰な刺激は、私たちの情動を揺さぶり潜在脳に働きかけて、選択や意思決定にまで影を落とす。心の潜在性という沃野から浮かび上がる新たな人間観とは。

772
学歴分断社会
吉川徹
格差問題を生む主たる原因は学歴にある。そして今、日本社会は大卒か非大卒かに分断されてきた。そのメカニズムを解明し、問題点を指摘し、今後を展望する。